한국광복군 총사령
지청천

한국광복군 총사령 지청천

| 이현주 지음 |

책 머 리 에

　내가 어렴풋이나마 지청천이라는 이름을 알게 된 것은 1995년 여름이다. 당시 한국독립유공자협회 박영준 회장의 후원으로 1995년과 이듬해 여름 윤병석 선생님을 단장으로, 서굉일 선생님과 한 조를 이루어 두 차례에 걸쳐 중국 북만주 일대의 한국 독립운동 유적지를 답사하던 중 광대한 지역에 산재한 한국독립군의 전적지를 볼 기회가 있었다. 해외여행 자체가 처음이었던 나는 흑룡강성 너른 곳 어디에나 동포들(조선족)이 살고 있어 놀라웠고 이들로부터 분에 넘치는 환대를 받았던 기억이 아직도 새롭다. 당시만 해도 북만주지역 답사가 학계에서는 최초였다.

　그렇게 거의 아무것도 모르는 상태에서 하얼빈, 동녕, 영안, 흥개호, 경박호, 밀산, 목단강, 나자구, 쌍성보, 아성, 서란 등 짧은 기간 동안에 일일이 기억할 수 없을 만큼 많은 지역을 훑고 지나쳤는데, 그곳이 모두 1931년 만주사변 이후 지청천의 지휘를 받은 한국독립군이 일본군 혹은 만주국 군대와 전투를 벌인 지역이었다. 뜻하지 않게, 전공분야도 맞지 않는 내가 이것을 계기로 지청천 장군의 일대기를 쓰게 된 것을 보면 인연의 소중함을 새삼 깨닫게 된다.

　지청천이 항일무장투쟁사에서 생각만큼 널리 알려져 있지는 않은 것

같다. 투쟁경력 보다는 '일본육사 출신의 광복군 총사령'이라는 그의 특이한 경력에 관심을 집중시킨 까닭이다. 그러나 그는 1919년 망명 이래 해방 직후까지 30년 가까운 세월을 서간도와 노령 연해주, 북만주와 중국 관내에서 일관되게 항일 무장독립군의 지휘관으로 활약한 정통 무장이다. 유명 무명의 수많은 분들이 항일무장투쟁의 서막을 열고 명멸해 갔지만 대미(大尾)까지 장식한 인물로는 아마도 지청천이 거의 유일할 것이다.

  나는 원래 지청천의 일제하 무장투쟁보다는 해방 이후의 활동에 관심이 많아 이 부분을 집중적으로 조명해보고 싶었다. 이를테면 귀국 후 그가 전력을 기울인 청년운동도 그렇고 대한민국임시정부 출신들의 일반적인 선택과는 달리, 제헌국회 선거에 출마하여 국회의원으로 활동한 것 등에 대해 비판적인 생각을 떨칠 수 없었던 것이다. 하지만 그의 무장투쟁을 다시 검토하면서 이러한 의문은 상당부분 해소되었다. 유격전과 같은 비정규전이 주된 형태였던 항일무장투쟁의 역사에서, 대한제국과 일본의 사관학교에서 근대적인 군사학을 익힌 뒤 중국으로 망명하여 독립군 사관을 양성하고 만주와 노령, 중국 관내에서 무장투쟁으로 청춘을 바친 그였기에, 같은 맥락에서 해방된 조국에서 청년운동을 통해 건군建軍의 기초를 확립하고, 의정 단상에서는 국방력 강화를 줄기차게 역설했던 것이다.

지청천은 평생을 군인으로 일관한 사람이다. 귀국하자마자 청년운동에 뛰어든 것도 신생 조국의 건군建軍을 위해서였고, 제헌국회의 의정 단상에 섰을 때에도 국방력 강화를 위한 활동으로 일관했다. 다만 평생을 독립군으로 만주와 시베리아 벌판에서 무장투쟁에 잔뼈가 굵은 인물이다 보니 '정치인'으로서는 서투른 면이 없지 않아, 구설에 오르기도 하고 이로 인한 번민과 고뇌 또한 적지 않았던 것 같다. 특히 함께 활동했던 정치지도자와 노선이 다를 때, 그는 말할 수 없는 고뇌에 휩싸였다. 이 책에서 이러한 측면들을 모두 담고 싶었으나 의욕에 머문 것 같아 아쉽다.

그래도 이 정도나마 모양새를 갖출 수 있게 된 것은 애정을 가지고 지켜보아 준 분들의 도움 덕택이다. 우선 지청천 장군의 따님이신 고故 지복영 여사께 감사를 드려야겠다. 여사께서 온 힘을 기울여 쓰신 역저는 이 책을 집필하는 데 큰 힘이 되었다. 실행되지는 못했지만 1995년 처음 북만주를 답사할 때, 함께 가자고 하시던 모습이 눈에 선하다. 장군의 외손인 이준식 선생님은 무엇보다도 역사공부를 함께 하는 동학으로서, 내가 면피를 할 요량으로 부실하기 짝이 없는 초고를 건넸음에도 불구하고 세심하게 지적을 해 주어 책의 완성도를 유지하는 데 도움을 주었다. 김광재 박사는 이 분야의 대표적인 전공자로서 큰 틀에서 내용의 오류를 바로잡아 주었다. 난삽한 원고를 맡아 깔끔하게 처리해 준 역사공간 편집부의 선생님들께도 감사한다.

  오래 전에 나와야 할 책이 이제야 빛을 보게 된 것은 순전히 나의 게으름 때문이다. 참고 기다려준 독립기념관 한국독립운동사연구소 측에 송구하고 감사한 마음을 전한다. 그나마 지청천이 망명 후 처음 몸담아 수많은 독립군 전사를 길러냈던 신흥무관학교가 세워진 지 100주년을 앞두고 나오게 되어 위안을 삼는다.

2010년 12월 25일
청계산 자락에서 이 현 주

차례

책머리에 _ 4

1 조국을 되찾기 위하여
출생과 성장 _ 10
일본 육군사관학교 _ 18
극적인 망명 _ 26

2 만주와 노령에서 사선을 넘고
신흥무관학교 교성대장 _ 34
서로군정서 사령관 _ 46
노령을 향하여 _ 49
자유시사변을 겪고 _ 53
고려혁명군사관학교 교장 _ 58

3 대동단결을 위한 투쟁
국민대표회의, 무장단체 통일을 역설 _ 66
국민위원회의 코민테른 고려국 협상대표 _ 74
정의부 군사위원장 _ 83
개인본위 민족유일당을 지지 _ 98

4 한·중 연합의 무장투쟁
한국독립당의 창당과 활동 _ 107

한국독립군 창설과 한·중 연합전선_ 113
한·중 연합 무장투쟁과 한국독립군 재편_ 121
쌍성전투 승리와 동만주 이동_ 125
대전자령전투, 독립군 사상 3대 승첩_ 131
한·중 연합전선의 종언_ 140

5 한국광복군 총사령

낙양군관학교 한인특별반 책임자_ 146
신한독립당, 민족혁명당 군사부장_ 151
대한민국임시정부 군무부장_ 159
한국광복군 총사령_ 164
한국광복군 자주화 투쟁_ 172
연합군과 공동작전 주도_ 181

6 되찾은 조국을 위하여

광복군 확군_ 186
건군 청년운동_ 193
전국 최다득표 국회의원_ 204
그리운 동지들 곁으로_ 214

백산 지청천의 삶과 자취_ 222
참고문헌_ 235
찾아보기_ 240

1
조국을 되찾기 위하여

출생과 성장

일제하 항일무장투쟁의 역사는 한말 의병전쟁으로 거슬러 올라간다. 1910년 나라를 잃자 국내에서는 더 이상 활동이 불가능해졌다. 이에 따라 의병의 일부 잔존 세력이 중국 만주 혹은 시베리아 연해주 지역으로 무대를 옮겨 투쟁을 계속했다. 1920년대 이후에는 중국이나 일본에서 신식 군사교육을 받은 청년들이 등장해 항일무장투쟁의 주역으로 부상하였다.

주목할 사실은 한말에 국비 유학생으로 일본 육군사관학교에 진학했다가 '한일병합' 후 일본군 장교가 되어 복무하던 사람들 중 몇 명이 3·1운동을 계기로 일본군에서 탈출하여 독립군 대열에 합류한 점이다. 지청천池靑天·김광서金光瑞·이종혁李種赫 등이 바로 그들이다. 이들 가운데 지청천만 죽을 고비를 여러 차례 기적적으로 넘기고 제2차 세계대전이 끝날 무렵, 해외 항일세력의 대표였던 대한민국임시정부 직할의 한국광복군 총사령으로서 해방된 조국에 귀국할 수 있었다.

지청천은 1888년 1월 25일(음력) 서울 삼청동 30번지에서 아버지 지재선池在善과 어머니 경주 이씨 사이에서 태어났다. 관향貫鄕은 충주, 관명冠名은 석규錫奎였고, 아명兒名은 수봉壽鳳이었다. 집안에 전해오는 일화에 따르면 어머니의 태몽에 수탉이 홰를 치며 크게 울고 있었는데, 자세히 보니 수탉이 아니고 날개를 활짝 편 한 마리의 봉황이었다고 한다. 그래서 아명에 '봉'자를 쓴 것인데, 여러 아들을 낳았지만 어려서 모두 잃었기 때문에 오래 살기를 기원하는 뜻으로 앞에 '수'자를 넣어 '수봉'으로 지은 것이라고 한다.

그러나 그는 1919년 중국 만주로 망명하면서 일본 당국의 추적을 따돌리기 위해 이름을 바꾸었다. 어머니의 성을 따라 이씨로 고쳤으며, 그의 이름 중 '청靑'은 압록강을 건너면서 푸른 하늘에 맹세코 조국의 독립을 위하여 자신의 모든 것을 바쳐 죽을 때까지 변함 없을 것이라는 뜻이었으며, '천天'은 하늘의 대공무사大公無私함을 본받을 것을 거듭 맹서하는 의미였다. 호 백산白山은 뒤에 독립군 동지들이 헌사한 것으로 그 뜻은 바로 백두산, 즉 영원히 조국을 지키고 있는 상징의 의미였다고 한다.

지청천은 5살이 되던 해에 장중풍腸中風으로 아버지를 잃고 홀어머니 밑에서 누나 세 명과 함께 성장하였다. 가장이 없는 어려운 경제 여건 속에서도 어머니는 늦게 얻은 자식에 외아들인 그를 때로는 엄한 아버지의 역할을 겸하면서 성심껏 키웠다.

"내가 너 다섯 살 때 과부가 되어 오직 외아들인 너를 마음 써서 키우는 것은 네 덕을 보려는 것이 아니다. 네가 훌륭한 사람이 되어서 나라에 충성하고 영웅이 되어 문호를 빛내면 그것이 바로 부모의 뜻을 받드는 효자가 되는 것이다"

이 말은 어머니가 아들을 교육할 때 항상 하는 말로 훗날 지청천이 평생 조국을 위해 항일무장투쟁에 헌신하게 한 가르침이 되었다.

소년시절 지청천에게는 흠모하는 조상이 한 분 있었는데, 그는 바로 15대조인 지용기池勇奇였다. 지용기는 고려 말 우왕 때 다년간 왜구 토벌에 종사해 상원수上元帥까지 오른 이름난 군인으로, 이 군공으로 문하찬성사門下贊成事와 판삼사사判三司事라는 재상직에까지 올랐다. 특히 1388년 요동정벌 때 우군도통사 이성계李成桂 예하의 상원수로 출정을 나섰다가 위화도에서 회군하여 공신이 되었다. 이듬해 창왕을 몰아내고 공양왕을 추대하는 이성계 일파의 계획에 가담해 이른바 9공신의 한 사람이 되는 등 크게 출세했다. 그러나 얼마 후 지용기는 역성혁명을 꾀하는 이성계 일파와 틈이 벌어져 강원도 삼척으로 귀양을 갔고, 조선왕조가 세워지기 직전인 1392년 4월 유배지에서 죽었다. 지청천은 1920년대 중반 만주에서 독립운동을 할 때 잠시 '지용기池龍基'라는 이름도 썼다.

지청천이 어머니의 가르침 아래 어린 시절을 보냈던 시기는 조선에 대한 열강의 제국주의 침략이 본격화되고 있을 때였다. 1894년에는 무너져가는 봉건왕조와 외세의 침탈에 항거하여 동학농민전쟁이 일어났다. 이를 구실로 일본과 청나라의 군대가 조선에 쳐들어와 청일전쟁이 발발하여 외세간의 다툼에 조선은 희생만 당하고, 농민전쟁도 패배하고 말았다. 이때 일본군이 경복궁을 포위하자 성 안의 시민들은 피난을 가게 되었는데, 이것이 바로 갑오년의 '6월지변六月之變'이다. 지청천이 7살 되던 해였다. 그는 누나와 함께 어머니의 손을 잡고 삼청동 집을 떠나 농촌인 고양으로 피난을 갔는데, 이때 훗날 자신이 항일무장투쟁의 길을 택하게 되는 결정적인 경험을 하게 되었다. 피난길에서 지청천의 가족은 서대문을 지키는 일본군의 눈초리를 피해 보교를 타고 녹번리를 지나던 중 교량을 가설 중인 일본군의 검문과 조롱을 받았다. 어린 지청천은 이때 일본에게 당한 수모를 잊지 않았다. 그는 나라가 약한 민족의 비애를 어렴풋이나마 깨닫게 되었고, 강한 나라를 만들기 위해서는 군대가 강해야 한다는 점도 뼈저리게 느꼈다.

| 종두법의 개척자 지석영

이 무렵 서울에는 신식교육을 하는 관립 소학교(초등학교)가 하나둘씩 생겨나고 있었다. 마침 집안의 재종숙再從叔이 되는 지운영池雲永·석영錫永 형제가 개화운동의 일선에서 활약하고 있었다. 널리 알려진 것처럼 지석영은 우리나라에 종두법을 전파하는 데 큰 역할을 했고, 지운영은 옥편 창제에 공헌한 근대화의 선각자였다. 두 사람은 지청천을 소학교에 보내 신학문을 배우도록 그의 어머니를 설득했다. 이렇게 해서 서당에 다니던 지청천은 교동소학교 4학년으로 편입하게 되었다.

그러던 중 1904년 5월에 그는 어머니와 상의도 없이 미국인 선교사가 세운 배재학당에 들어갔다. 지청천이 어머니 몰래 배재학당에 다녔던 것은 그의 어머니가 신식학교에서 가르치는 내용은 조선의 전통을

| 근대교육의 산실 배재학당

해치는 것이므로 자식을 조선의 전통과 동떨어진 교육을 하는, 그것도 외국인 선교사가 운영하는 학교에는 절대 다니지 못하게 했기 때문이다. 이런 까닭에 그는 교동소학교를 다닐 때에도 수업이 끝나면 매일 서당에 가서 공부해야 했다.

배재학당에서는 산술과 과학 등 신학문과 더불어 기독교의 사랑을 교육했다. 지청천은 학교 수업에서 기독교에서 주장하는 사랑이 바로 동양사상에 있는 박애주의(묵자의 사상)와 유사하다는 것을 말하며, 인간의 천성을 갈고 닦고 진실한 박애를 실천하여 평등하고 평화로운 사회를 만들어야 한다고 역설해 동료 학생들과 교사들의 관심을 끌었다. 지청천은 배재학당에서 산술·과학·기독교 공부에 흥미를 느꼈고, 교내에서 행해지던 정치 토론과 연설에 크게 매료되었다.

당시 배재학당은 신학문 교육 및 선교 활동과 더불어 활발한 구국활동의 무대였다. 배재학당의 특별교사였던 서재필과 졸업생 이승만·주시경 등은 독립협회를 설립해 민중과 청년·학생들을 계몽하는 데 힘을 기울였다.

| 배재학당 설립자 아펜젤러

때는 바야흐로 애국계몽운동이 활발하게 전개되던 때였다. 일본이 거대한 러시아를 상대로 한 전쟁에서 승리한 후 여세를 몰아 대한제국 정부를 압박해 외교권을 빼앗은 이른바 을사조약을 늑결함으로써 한국은 장래를 기약할 수 없는 암담한 지경으로 떨어졌다. 이에 민간에서는 의병이 궐기하여 일본군에 저항하기도 했다.

지청천은 배재학당에서 황성기독교청년회에 참가하고 있었다. 그는 1905년 9월 하순경 기독교청년회 회원들을 중심으로 조선의 장래와 시국에 대한 대책을 토론하기 위해 열린 청년들의 비밀 회합에서 역설하였다.

"우리는 조선의 청년들이다. 우리들은 최후까지 뭉쳐 조선 사람을 위해 싸우자"

또한, 뒤이어 개최된 청년 간부회의에서도 다음과 같이 말했다.

"여러 선생님, 이 어려운 문제를 해결하는 데에는 방금 청년회에서 토의한 결과 청년의 투쟁 외에는 다른 방도가 없으니 우리 청년에게 총을 주십시오."

그러나 조국의 암울한 상황과 조국을 침략해오는 적국의 군대에 대항하기 위한 무장화가 어렵다는 현실에 분노한 지청천은 바닥에 쓰려져 통곡했다.

"총이 없으면 두 주먹으로라도 한놈 한놈 때려눕히는 것이 조선 청년의 길이다."

이를 계기로 지청천은 학교를 그만두어야 했다. 비밀회합에서 지청천이 '무장을 갖추고 조국을 되찾자'고 절규했다는 소문이 어머니의 귀에도 들어가게 된 것이다. 그는 어머니에게 배재학당을 다니게 된 자초지종을 고하고 신식학교 교육에 반대하는 어머니의 뜻에 따라 배재학당을 그만두기로 했다. 당시 배재학당 학생들 사이에는 청년회 비밀회의에서 그가 한 발언이 일본 관헌에게 문제시되어 퇴교를 당한 것이라는 소문이 돌았다.

배재학당을 자퇴하면서 지청천은 군인이 되기로 결심했고, 어머니도 동의했다. 장교 양성기관이었던 대한제국 육군무관학교는 1907년 여름 군대해산 때 간신히 폐교를 면하고 축소된 형태로 운영되고 있었다. 그럼에도 당시 무관학교 생도의 선발은 까다로운 규정에 의해 이루어지고 있어 군부의 장령 위관이나 칙임관 등 유력한 사람의 보증이나 추천이 필요했다. 따라서 권문세가도 아닌 가난한 양반의 자제인 그에게 무관학교 입학은 쉬운 일이 아니었다. 결국 그의 어머니가 집안사람을 통해 엄귀비에게 청을 넣어 만 20세가 되는 1908년에 가까스로 들어갈 수 있었다. 무관학교에 입학하던 해에 지청천은 파평 윤씨 용자龍慈와 결혼도 했다.

이때 무관학교 입교자는 대체로 두 부류로 나뉘었다. 서구 열강의 침략을 물리치고 자주 독립하기 위해서는 '강병强兵'해야 한다는 뜻 있는 청년들이 있는 반면, 입신출세의 길로서 무관학교를 택해 졸업 후 보장되는 관료와 지위 향상을 꾀하는 귀족 자제들도 있었다. 유력자의 추천이라는 입학 조건도 이와 무관하지 않았다.

무관학교에서는 학과·응용 작업·술과·기술 등을 가르쳐 무관으로서 소양과 자질을 함양하게 했다. 우선 학과는 무관이 될 수 있는 적응 능력을 기르고, 아울러 후일 스스로 학습해 좋은 방법을 찾을 수 있는 힘을 갖추게 하는 것을 목적으로 전술학·군제학·병기학·축성학·지형학·위생학·마학馬學·외국어학 등으로 구성되었다. 응용 작업은 교습한 학과에 관한 응용력 발달을 촉진하고 또 학과 강습의 정확성을 향상시키는 데 목적을 두었다. 그리고 술과는 소부대를 지휘하는 데 필요한 능력을 기르기 위해 개설된 것으로 장교가 되기 위한 기본 훈련이었다. 마지막으로 기술은 신체 단련에 필요한 체조·검술·마술馬術 등을 망라했다.

정규 학습과 군사훈련 외에도 지청천은 나라를 구하는 군인이 되겠다는 정신자세를 굳건히 하는 활동에도 열심이었다. 강연회 등을 통해 민족의 진로에 대해 동료들에게 열변을 토하곤 했던 것이다. 그의 연설은 배재학당 시절부터 정평이 나 있었다.

"나는 한족韓族의 군인이기 때문에 이야기하고자 한다. 과거의 모든 인습을 초월하고 타파할 필요가 있다. 과거의 대원군 10년 집정함을 보라. 미국·불국의 군함도 여지없이 물리치고 왜놈과 같은 강적도 능히 물리치지 않았더냐. 그 위대한 민족정신을 우리는 계승해야 된다. 지금 열국은 우리 한국에게 개화니 무역이니 하는 빛 좋은 구실로써 자기네의 이익만을 획득하려고 우리의 강토에 접근해온 것이다. 실지로 우리의 개화를 위하여 혹은 사회 발전을 위하여 수천만 리 해상을 넘어온 것은 아니다. 우리는 어찌 군인으로 단결이 필요치 않겠는가? 당파나 조상의 반대때代를 찾을 때가 아니다. 명예나 지위를 탐낼 때도 아니다. 우리가 들고 있는 이 총칼은 내 나라 내 민족의 평화와 안전을 위하여 외적을 물리치는 최고의 힘의 상징이다. 우리는 이것을 명심, 또 명심해야 할 것이다."

일본 육군사관학교 | 1907년 여름 군대해산 때 간신히 폐교를 면하고 축소된 형태로 존속했던 무관학교는 그로부터 2년여 만에 폐교되고 말았다. 지청천이 2학년으로 올라간 1909년 8월 통감부의 압력으로 군부는 폐지되어 친위부親衛府로 개편되고, 동시에 육군무관학교도 문을 닫게 된 것이다. 실제로 이보다 약간 앞서 무관학교 교장이던 30대 초반의 노백린盧伯麟 정령正領이 교관과 생도들을 무관학교에서 멀지 않은 삼청동 소나무 숲으로 불러 성찬을 차린 자리에서 고별사를 했다.

"제군, 국내 정세가 나로 하여금 더는 제군과 함께 있는 것을 허락지 않으니, 오늘로써 학교를 떠나기로 했소!"

당시 학교 분위기가 심상치 않게 돌아가고 있었다.

대한제국과 일본의 양국 정부는 약 50명의 무관학교 1~2학년 재학생 전원을 국비 유학생 자격으로 일본의 군사교육기관에 위탁하기로 합의했다. 하지만 생도 가운데 7~8명이 이 조치에 반발하거나 혹은 선발 전형에서 탈락해 42명(혹은 43명)이 무관학교 감독장교였던 오구라

| 대한제국 육군무관학교 교장 노백린

유사부로小倉祐三郎 대위의 인솔 하에 1909년 9월 초 현해탄을 건너게 되었다. 이에 따라 지청천은 동기생 및 후배들과 함께 일본 유학길에 올랐다. 그는 1909년 8월 하순 서울역에서 누나의 전송을 받으며 고국을 떠났다. 지청천과 동기생들은 육군사관학교의 예비교에 해당하는 도쿄 소재 중앙유년학교 예과 2년생으로 편입해 일본 학생들과 함께 공부했다.

당시 일본 육군의 장교 양성은 육군유년학교를 거쳐 육군사관학교에 입학하도록 되어 있었다. 육군유년학교는 예과 3년, 본과 2년의 교육기간이 소요되었는데, 여기를 졸업해야 육군사관학교 입학자격이 부여되었다. 교육 내용은 엄격한 규칙 하에 일반 중학교의 교육내용 외에 기간 군인이 되기 위한 예비적 자질을 함양하는 것이었다. 국비생들은 숙소

| 일본 육군사관학교 한국인 유학생 단체 사진(2열 오른쪽에서 네 번째가 지청천)

나 반 편성에서 한국 학생반으로 편성되었다. 지청천은 처음에는 일본어를 잘 알아듣지 못하여 학습에 어려운 점이 많았다. 하지만 교육 내용이 서울의 무관학교에서 배운 것이 별로 도움이 되지 않을 정도로 강대국의 군사교육다웠고, 학과 공부 또한 흥미로워 그는 열심히 공부했다.

그러나 1년 뒤 자신들의 조국 대한제국이 일본에 병합되었다는 소식이 전해지자 유학생들은 큰 충격에 빠졌다. 허약해진 나라의 힘을 기르고자 적국까지 와서 군사교육을 받고 있는데 나라가 없어지게 되니 유학생들의 울분은 극에 달했다. 이리하여 요코하마 근교에서 회동한 한국 국비 유학생들은 이 상황에 어떻게 대처할 것인가를 놓고 열띤 논쟁을 벌였다. 어떤 사람은 전원이 자퇴하고 돌아가자고 하는가 하면, 어떤 사람은 일본 니주바시二重橋 앞에 가서 전원이 자결해 이 분하고 억울한 마음을 풀어보자고 했다.

"우리가 이왕 군사훈련을 배우러 온 것이니 배울 것은 끝까지 배운 다음 장차 중위中尉가 되는 날 일제히 군복을 벗어던지고 조국 광복을 위해 총궐기하자"

하지만 지청천의 주장에 따라 맹서로서 결론을 짓게 되었다. 이른바 '아오야마青山의 맹세'였다. 하지만 동기생들 가운데 이 맹세를 끝까지 지키고 중위가 된 후 조국 광복의 일선에 나선 사람은 지청천 뿐이었다. 함께 만주로 망명한 김광서는 그보다 3년 선배로 일본 육사 23기였다.

1910년 말 지청천은 육군유년학교 예과를 마치고 본과에 진학했다. 그는 유년학교 본과 1학년 때 평생을 두고 잊을 수 없는 가슴 아픈 일을 겪었다. 1911년 정월 4일(음력) 어머니의 부음을 받은 것이다. 뇌일혈로 숨을 거둔 어머니는 유언을 남기지 않았다. 평소 아들에게 이르던 "나라에 충성하고 조국의 부국강병을 위해 한 몸을 바치라"던 가르침이 유언이 되었다.

지청천은 1912년 6월경에 유년학교를 졸업했다. 그리고 사관후보생으로 효고현 히메지姬路에 있는 제10사단 제8여단 예하 10연대에서 6개월간 이른바 대부隊附 교육을 받았다. 일반 병사와는 다른 특별대우를 받으며 병졸에서 하사관에 이르기까지 실제 근무를 경험하는 과정이었다. 대부 근무는 소속 연대 장교단의 일원으로서 일체감과 연대의식을 강화하는 데 목적을 두었고, 임관도 연대 장교회의 심사를 통과해야만 했다. 그의 원대原隊인 제10연대가 위치한 히메지는 오사카 서쪽의 세토瀨戶 내해內海에 면한 소도시로, 일본 중세 전국시대에 쌓은 성곽이 거의 원형대로 전해오고 있는 유서 깊은 곳이다. 그는 6개월 동안의 부대 배속근무

| 대한제국의 군인

를 마치고 1912년 12월 도쿄의 육군사관학교에 제26기생으로 입교했다. 이때 조철호·홍사익·이응준·신태영·유승열·염창섭·이대영·박승훈·김준원·민덕호·안종인·권영한 등이 함께 입학하였다.

육군사관학교에서 지청천은 전술학·병기학·지형학·교통학 등의 군사학과 교련·진중 근무·검술·마술 등의 기술을 비롯해 각종 군복무 규범과 예식 등에 대해 근대적인 지식을 습득했다. 학년과 학기가 올라갈수록 학과의 내용도 더욱 복잡해지고 훈련도 더욱 힘들어졌으며, 야외 훈련의 규모도 확대되었다. 당시 일본 육군사관학교의 교육목표는

| 대한제국 육군무관학교 생도들

 전술의 경우 사단 전술을 주로 익혔다. 부대 지휘는 중대 단위의 지휘가 주가 되었다. 또한 졸업하기 전에 현지 실습으로 행군과 야영·추격·퇴각 등 실전 연습이 진행되었다. 이와 같은 근대적 군사훈련은 뒷날 지청천이 만주로 망명한 후 독립군을 조직하여 일본군과 항전하는데 활용되었다.
 드디어 1914년 여름 지청천은 육군사관학교를 졸업했다. 졸업 후 원대原隊로 돌아가 6개월간의 견습사관 생활을 마치고, 같은 해 12월 일본 육군의 소위로 임관되었다.

| 원세개

지청천이 일본 육사를 졸업한 직후인 1914년 8월 초 제1차 세계대전이 일어났다. 일본은 처음 국외중립을 선언했으나, 곧 동맹국인 영국의 요청에 따라 독일에 선전포고를 한 뒤 독일이 차지하고 있던 중국 산둥반도 남쪽의 교주만膠州灣의 중심지인 청도靑島 공략전에 나섰다. 일본의 제2함대가 교주만을 봉쇄한 가운데 규슈九州 구루메久留米에 있는 제18사단을 주력으로, 그밖에 시즈오카靜岡에 있는 제15사단 예하 제29여단을 포함한 대병력이 교주만에 상륙하여 9월 하순 청도를 공격해 11월 중순 점령을 완료했다. 고립된 독일 수비군 5천여 명은 2만 9천여 명에 달하는 일본군의 공격에 더 이상 버티지 못하고 항복했다.

일본은 청도 수비군사령부를 설치하고 교주만을 장기간 점유할 야욕을 숨기지 않았다. 이에 중국의 원세개袁世凱 정부가 일본군의 철수를 요구하자 1915년 1월 중국에 굴욕적인 21개 조항에 달하는 요구안을 제출했다. 일본은 중국 정부를 압박하기 위해 그 해 3월 지청천이 소속되어 있던 제10사단에 출동명령을 내렸다. 뜻하지 않은 참전이었지만 처음으로 실전 경험을 익혀 훗날 그가 만주사변 이후 중국 북만주 일대에서 한·중 연합군을 결성해 일본군을 격멸하고 전과를 올릴 수 있었던 자양분이 되었다.

사태가 호전되자 지청천은 부대를 따라 귀환해 평상시의 군생활로 되돌아갔다. 그러나 마음은 항상 군사적 힘을 기른 후 대대적으로 항일무장투쟁을 전개하는 데 두었다. 때문에 지속적으로 육사 출신 및 다른 유학생들과 합법 혹은 비합법의 형태로 연락관계를 유지하며 민족정신의 고양에 힘썼다. 다음의 호박시루떡에 관한 일화도 이와 밀접한 관계가 있다.

일본 육사 출신들은 각자 소속부대에 배치된 이후에도 친목 도모를 명목으로 정기적인 모임을 가졌다. 그들은 이미 장교가 되어 대부분 고국에서 가족을 데려와 함께 살고 있었다. 그런데 그 중에 지방 출신이 한 사람 있었는데 부인이 농촌 출신이었다. 모이는 날이면 부인들은 제각기 솜씨를 발휘하여 특색 있는 음식들을 마련해 와서 서로 나누어 먹었는데, 그 시골부인은 호박시루떡을 해왔다. 그런데 그녀의 남편은 이것을 부끄럽게 생각하고 여러 사람 앞에서 부인에게 무안을 주었다.

"시골 무지렁이는 할 수 없단 말이야. 호박시루떡이라니 솜씨가 고작 그것뿐이야?"

이것을 본 지청천은 오히려 떡을 맛있게 먹으면서 동료들에게도 먹기를 권했다.

"응? 호박시루떡? 그거 좋지. 바로 우리 고향 맛 아닌가? 아주머니 저 좀 주십시오. 오랜만에 고향 맛 좀 보게요."

그 뒤 얼마 되지 않아 그 부인은 고향으로 쫓겨 돌아가고 그 친구는 일본 여인을 사랑하게 되었는데, 나중에 일본 여인이 변심하고 일본인에게 시집을 갔다. 그 친구가 상심하고 있는 모습을 보고 지정전은 이렇게 말했다고 한다.

"여보게, 뭐니뭐니해도 호박시루떡이 제일일세. 옛말에 조강지처불하당糟糠之妻不下堂이라 했네. 조강지처 너무 구박하지 말게. 그까짓 일본 계집에 댈 것인가? 잊어버리게."

극적인 망명

지청천은 1918년 7월 중위로 진급했다. 그로부터 몇 달 뒤 제1차 세계대전은 일본이 가담한 연합군 측의 승리로 끝났다. 이 무렵 그는 민족자결주의, 약소민족 해방 등의 세상 돌아가는 이야기를 듣고 일본 육사 유학을 결행할 때 품었던 포부를 떠올리면서 하루바삐 일본 군적을 벗어나야겠다는 결심을 가다듬었다. 마침 공교롭게도 그가 결심을 한 순간 부산에 있던 아내가 일본으로 오겠다는 전보를 보내왔다. 아내에게 오지 말라는 전보를 치려 하는데 그의 아내는 벌써 열 살 된 아들 달수達洙를 데리고 남편을 찾아 관사로 왔다. 아내의 두 번째 일본 방문이었다. 아내는 그에게 고국의 소식을 전해주었는데, 그 속에는 놀랍게도 천도교의 최고 지도자인 손병희가 그와 연락을 취하고 싶어 한다는 내용이 포함되어 있었다.

과연 그로부터 얼마 뒤인 1919년 2월 손병희가 보낸 밀사가 은밀히 그를 찾아와 3월 1일을 기해 서울에서 독립선언서를 발표한다는 놀라운 소식을 전했다. 이처럼 사태가 급박하게 돌아가자 지청천은 지금이야말로 일본 군적에서 벗어날 수 있는 절호의 기회라고 판단해 준비에 착수하였다. 일부러 밥을 굶는 등의 방법으로 폐렴 진단서를 부대에 제출하자 연대장은 그에게 3개월의 휴양을 허가하면서 군의관을 보내 진료하게 했다.

그가 휴양에 들어간 지 1주일 만에 고국에서는 3·1운동이 일어났다. 이 소식을 듣고 지청천은 초조해진 나머지 임시 귀국 휴가서류를 작성해 부대에 제출하려고 했다. 이때 조선에서 그에게 유학생 대표로 일본에 남아 계속 활동해달라는 지침이 전달되었다. 현재 조선을 독립시키고자 하는 분위기가 고조되고 있으니, 일본에서도 유학생들을 중심으로 만세운동을 일으켜 조선 내외에서 동심일체로 독립운동을 전개한다는 계획이었다. 그동안 지청천은 일본 육군사관학교 유학생들을 정신적으로 지도하고 있었으니 이들의 대표격으로 거사를 주도해 달라는 내용이었다.

그는 일본에서도 조선 유학생들이 가장 많이 몰려 있는 도쿄로 가기 위해 열차에 올랐다. 하지만 도중에 헌병의 검문을 받고 교토역에서 하차하여 교토 헌병대 나카무라中村 대위의 심문을 받은 끝에 히메지의 연대로 호송되었다. 그는 일본에서 활동이 여의치 않음을 깨닫고 어떻게 해서든지 귀국하는 것 외에 다른 방도는 없다고 생각했다. 그리하여 일부러 연일 술을 마시고 식사를 걸러 목에서 피가 나오게 하여 급성폐렴에 걸린 것으로 가장하는 데 성공하여 연대장으로부터 1년간의 임시 귀국을 허락받았다. 이것은 보통 사람으로서는 감히 상상도 할 수 없을 만큼의 육체적 고통이 따르는 일이었다. 이렇게 해서 1919년 5월 하순 마침내 그는 가족을 데리고 귀국길에 올랐다.

당시 서울에는 그의 일본 육사 3년 선배인 김광서 중위가 역시 병가를 얻어 지청천보다 한발 먼저 귀환해 있었다. 그는 지청천과는 동갑이었지만, 혼자서 일본 육사에 진학한 특이한 배경의 소유자였다. 김광서는 1911년 육사를 졸업한 뒤 줄곧 도쿄 제1사단 예하 기병 제1연대에서 근무했다. 김광서는 도쿄에서 근무했기 때문에 1912년 10월에 결성된 한국 유학생 모임인 학우회學友會에 참여할 수 있었다. 1915년 12월의 학우회 망년회 때는 선배 자격으로 후배 유학생들 앞에서 자신의 경험담을 들려주기도 했다. 또한 도쿄의 군부대에서 근무 중인 일본 육사 26기 홍사익·이응준, 나라시노習志野 소재 제1사단 예하 기병 제15연대에 근무 중이던 27기 윤상필 등이 발기인이 되어 1916년 12월에 결성한 친목단체 전의회全誼會의 회장으로 추대되기도 했다.

전의회는 여러 해 동안 회지를 발간하며 육사 동창생들의 소식을 알려주는 등 친목을 다졌다. 그런데 김광서는 3·1운동이 일어나기 직전에 도쿄 유학생들을 중심으로 일어난 2·8독립선언을 계기로 국외로 망명하여 독립운동에 투신하기로 결심하고 2월 하순 서둘러 귀국했던 것이다. 마침 그의 본가가 서울 사직동이라 지청천의 본가가 있는 삼청동과는 아주 가까운 거리에 있어서 서로 연락을 취하기도 편리했다.

지청천은 김광서와 더불어 낮에는 한가롭게 당구를 치고 밤에는 술집에 출입하면서 형사와 헌병대의 눈을 속였다. 이윽고 감시가 느슨해지자 두 사람은 수원으로 내려가 야간열차를 타고 북쪽으로 향했다. 원래 계획은 평안북도 정주에서 동기생 이응준과 만나 함께 망명하기로 되어 있었다. 그러나 이응준은 그때 마침 평양에서 권총을 분실한 사건

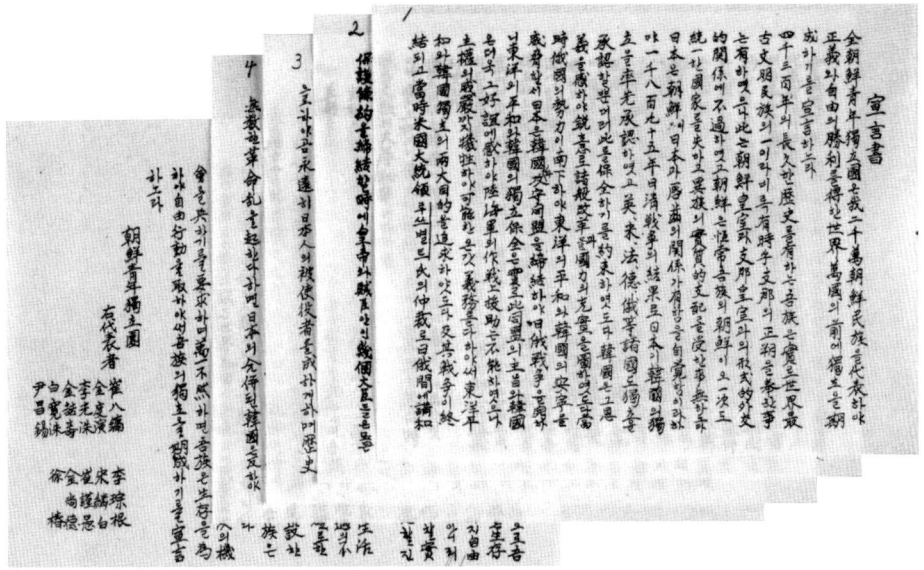

| 2·8독립선언서

이 문제가 되어 헌병대의 조사를 받고 있었기 때문에 이들과 합류하지 못했다. 게다가 신혼 초였기 때문에 그 뒤 단독으로 망명할 기회마저 놓쳤다고 한다.

지청천은 망명하면서 부인에게 민족독립운동을 위해 자신의 몸을 바치러 떠나는 작별인사를 고했다.

"결혼 당시에도 말했지만, 나는 국가와 민족을 위한 독립전쟁에 몸을 바칠 것이오. 이제 앞으로 다시는 못 보게 될지도 모르오. 이후 며칠 지나 헌병과 형사가 와서 나의 소식에 관하여 탐문을 할 것인즉 '평소에도 행적에 대하여 말하는 법이 없는 분이고 이번에도 아무 말 없이 집을 나섰으니 나도 그 분이 어디에 계신지 모르겠다'고만 대답하시오. 그리고

| 신흥무관학교 옛터 유하현 대두자

10여 일 동안 계속하여 헌병과 형사가 탐문하거든 내가 이미 망명길에 오른 것으로 생각하시오. 그리고 그런 상태로 20일을 넘기거든 내가 무사히 탈출한 것으로 알고 안심하여도 좋을 것이오."

이로써 지청천은 중국 만주로 향하는 망명의 첫 걸음을 내디뎠다. 그는 훗날 망명 당시를 다음과 같이 회고했다.

나의 망명 투쟁은 32년 전 독립만세운동으로 인하여 더욱 촉진되었다. 나는 이때(3·1운동 전후)에 천도교의 손병희 씨와 연락하고 재일 유학생을 지도하고 있었다. 3월 1일 이후로 일본 당국의 나에 대한 감시는 더욱 심하여졌다. 4월 중순경 현역 장교의 직을 지닌 채로 압록강을 건너 만주로 망명할 때까지도 혁명의 길을 찾느라고 고심참담苦心慘憺하였다.

탈출 경로는 서울-수원-신의주-국경-만주 유하현柳河縣이었다. 이 탈출 경로를 동행한 김광서는 후일 다음과 같이 회고했다.

우리 도쿄 유학생이 독립운동의 첫 소리를 발하였소. 이때 나는 도쿄에서 사관학교를 마치고 일본 육군 기병대 1연대 사관으로 있을 때이라 꿈속같이 기쁜 중에 …… 그리하여 병으로 수유를 얻어가지고 2월 20일에 경성에 도착하니 도처에 공기가 이상스러웠소. 그러더니 3월 1일에 독립선언이 터지니 이때 우리 군인 몇 사람은 장래 조선민족이 독립운동을 하자면 아령俄領과 남북만주를 중심 삼지 아니하면 아니 되리라 하고 동지 리청천과 함께 밀의하고 국경을 넘으려는데 당시는 경계가 심할 때이라 잘못하다가는 잡힐 염려가 있으므로 6월 6일에 우리 두 사람은 군복을 벗고 보통 양복으로 갈아입은 후 자동차를 타고 수원을 갔었소. 그리하여 수원에서 차(기차)를 타고 그대로 남대문을 오니 해가 지고 어둡더이다. 그대로 신의주까지 와서 자는데 밤중에 경찰의 조사가 있으므로 그 밤을 자지 못하고 처음에는 일인이라고 대답한 후 정거장에서 차를 타고 국경을 넘었습니다.

두 회고에서 탈출 시기는 약간의 차이가 있다. 지청천이 4월 중순이라고 한 것은 음력이고 김광서가 6월 6일이라고 한 것은 양력일 것이다. 지청천과 김광서가 남만주 유하현으로 간 후 신흥중학교가 1919년 5월 3일(음력)을 기하여 신흥무관학교로 개편되는 것을 보면 망명 시기는 음력으로는 4월 중순, 양력으로는 6월 초가 되는 것이다. 한편 지청천과 김광서의 망명이 일본군과 조선총독부에 큰 충격을 준 것은 물론이다. 그리하여 두 사람의 망명에 일본 헌병대는 5만 엔의 현상금을 걸고 체포에 혈안이 되었다.

압록강을 넘는 지청천의 마음은 항일무장투쟁에 대한 비장한 용기가 용솟음침과 함께 서글픈 마음을 금할 수 없었다. 나라를 잃은 민족의 백성으로서 남의 나라로 가서 독립군을 양성해 대대적인 항일전쟁을 일으켜 조국을 독립시키고자 떠나는 길, 그러나 언제 다시 조국을 찾을 수 있을지 기약을 할 수도 없었다. 그는 다음과 같은 시를 지어 항일투쟁의 결의를 다졌다.

    지난날 을지 장군이 수·당의 군대를 대파하였음이여
    어느 곳에 그 뜻이 스며 있는고
    이제 왜적을 멸하고자 결심 더욱 굳히니
    푸른 하늘이 압록강 물에 비추었도다.

현역 일본군 장교의 몸으로 탈출했으니 잡히면 갈 데 없는 총살형에 처해질 것이었다. 죽는 것은 결코 두렵지 않으나 뜻한 바를 이루지 못하고 죽는 것은 헛된 것이니 잡히지 않기 위해서라도 이름을 고쳐야겠다고 생각했다. 그때 마침 푸른 하늘을 보고 하늘의 대공지정大公至正, 공평무사公平無私함을 생각하고 이름을 청천으로 고치기로 했다. 성도 지池씨는 흔하지 않아 남의 눈에 띄기 쉬우므로 어머니의 성을 따라 이씨로 고쳤다. 만주 땅에 들어서면서 '지석규池錫奎'는 완전히 잊혀진 이름이 되었다.

2
만주와 노령에서 사선을 넘고

신흥무관학교 교성대장

지청천은 김광서와 함께 압록강 철교를 건넜다. 두 사람은 서간도의 한인 집단거주지인 길림吉林성 유하현 삼원보에 있는 신흥학교新興學校를 찾아갔다. 신흥학교는 처음에는 신흥강습소로 창설되었다. 그 뒤 통화현通化縣 합니하哈泥河로 이전하여 '신흥중학'으로 개칭되었다. 신흥강습소는 원래 국내에서 신민회를 조직해 독립운동을 하던 지사들이 독립운동 기지를 건설하기 위해 만주로 이주하면서 독립군 간부를 양성하기 위해 설립한 것이었다. 이회영·이시영·이석영 형제를 비롯해 이동녕·이상룡·여준·김창환 등이 신흥학교에서 인재를 양성했다.

신흥학교에서는 국내외에서 입교하는 청년들에게 군사훈련은 물론 중학 교육 정도의 일반 교육도 실시했다. 하지만 체계적이고 근대적인 군사훈련은 전문 교관의 부족으로 실시하지 못하고 있었다. 더욱이 초기 설립 당시의 원대한 포부와 달리 재정난의 가중과 대흉작 등으로 운영이 점점 어려워졌다. 그런데 1919년 3·1운동이 일어나 삼천리 방방

곡곡에서 '조선독립만세'의 함성이 요원의 불길처럼 타오르고, 독립운동기지였던 만주에서도 국내의 만세운동에 호응하여 독립운동의 분위기가 고조되면서 다시 활기를 띠기 시작했다. 특히 일본제국주의의 폭력 앞에 평화적인 만세시위운동이 짓밟히면서 무장투쟁의 필요성은 더욱 절실해지고 있었다. 바로 이러한 때에 지청천과 김광서가 최신의 병서兵書와 군사지도를 휴대한 채 신흥학교를 찾은 것이다.

| 지청천

일본 육사에서 최신의 군사지식을 익힌 장교가 항일무장투쟁 대열에 가담했다는 소문이 퍼져나가자 크나큰 감명과 용기를 얻은 만주지역 동포들이 앞다투어 강습소로 몰려들었다. 두 사람 외에도 신팔균 등이 교관으로 초빙되어 '만주 삼천', 즉 지청천, 김광서(김경천)·신팔균(신동천)의 이름에 포함된 '천'을 따서 만주 독립운동 진영에서는 이들을 '만주 삼천'으로 불렀다. 당시 만주에는 '날으는 홍범도, 뛰는 김좌진', '만주 삼천이면 산천초목도 두려워 떤다'는 말이 있을 정도였다. 이밖에도 중국 운남雲南성 육군강무당 출신의 스무 살 된 이범석이 교관단에 참여했다. 이범석은 얼마 뒤 북간도 왕청현 서대파에 설치된 북로군정서北路軍政署 예하 사관연성소의 교관 겸 연성대장으로 자리를 옮겼다.

| 김광서(김경천)

| 신팔균(신동천)

| 김좌진

| 홍범도

| 이범석

그리하여 신흥학교는 본격적인 군사훈련기관인 무관 양성기관으로 개편되었으며 이름도 '신흥무관학교'로 개칭했다. 5월 3일에는 정식으로 사관학교 개교식도 열었다. 아울러 학교의 기능을 대대적으로 확장하고 통화현 합니하, 통화현 칠도구 쾌대모자, 유하현 고산자 하동대두자의 세 곳에 군사기지를 건설했다. 또한 고산자에는 2년제 고등군사반을 두어 고급 간부를 양성하고, 합니하·쾌대모자 등에는 분교를 두어 초등군사반을 편성, 3개월간의 일반 훈련과 6개월간의 후보 훈련을 실시하고자 했다. 그러다가 신흥무관학교는 원래 계획을 변경해 많은 군사를 신속하게 양성하기 위해 힘을 기울였다. 3·1운동 직후 고양된 독립열기 속에서 무장력을 급속히 키워 독립전쟁을 개시하기 위해서였다. 이에 따라 고등군사반 훈련은 6개월로 단축 운영되었고, 나중에는 고등군사반과 초등군사반 모두 3개월씩 단기 교육을 실시했다.

지청천은 고산자 고등군사반에서 교관에 이어 교성대장敎成隊長, 즉 군사훈련 실행 책임자가 되었다. 김광서와 신팔균도 고산자 고등군사반의 교관으로 활동했다. 이밖에 이천민·김창환·이장녕 등 항일 무장투쟁의 선배와 성준용·오광선·이범석·오상

| 통화현 쾌대모자

세·박두희 등이 지청천과 더불어 신흥무관학교에서 독립군 간부를 양성했다.

한편 탈출 이래 지청천과 행동을 함께 했던 김광서는 체코슬로바키아 군대의 무기를 구입하기 위해 노령 연해주로 들어갔다가 현지에서 무장투쟁에 나서게 되었다. 미국·영국·프랑스 등 연합군은 제1차 세계대전에 참전했다가 1917년 가을 러시아 볼셰비키혁명으로 시베리아에 고립된 체코군대를 블라디보스토크에서 맞이해 바닷길로 이동시켜, 이들을 유럽전선에 투입하여 독일과 싸우게 한다는 구실로 1918년 8월 시베리아에 출병했다. 이때 병력 동원이 가장 쉬웠던 일본이 가장 많은 병력을 파견했고, 연합군 사령관도 일본 군인이 맡았다. 그런데 얼마 뒤

| 북로군정서 사관양성소

　제1차 세계대전이 끝나면서 체코군 구출이라는 당초의 명분은 러시아의 공산혁명이 동쪽으로 확산되는 것을 막기 위해 우랄전선을 구축하는 것으로 변경되어, 연합군은 공산혁명에 반대하는 옴스크·치타·연해주 등지의 백군白軍을 도와 볼셰비키 적군赤軍을 상대로 전투를 벌이게 되었다.
　김광서가 연해주에서 귀국을 기다리고 있던 체코군의 무기를 구입하려고 은밀히 공작을 벌이고 있던 1920년 4월 초, 일본군은 3월에 일본 수비대와 교민들이 니콜라예프스크에서 700여 명의 볼셰비키 군대에게 살해당한 사건에 대한 보복으로 적군 근거지와 한국인 거주지를 무차별 공격하여 블라디보스토크 신한촌의 한국인 300여 명을 학살하는 만행을 저질렀다. 희생자 가운데는 상해 대한민국임시정부의 재무총장으로 추대됐던 최재형과 극동공화국 외무인민위원을 지
낸 조선인 여성 혁명가 김알렉산드라도 포함되어 있
었다. 김광서는 이에 큰 충격을 받아 연해주 지방에
거주하는 한인 청년들을 규합해 처음에는 러시아
적군과 연합하여 뒤에는 한인 단독으로 일본군 및
러시아 백군, 그리고 때때로 동포들을 괴롭히는 중
국인 마적 떼를 상대로 피나는 투쟁을 전개하게 되
었다.

| 최재형

이외에도 신팔균이 흥경興京 지방으로 이동했고,
신흥학교 시절부터 교장을 맡았던 이천민(이세영)은
북경으로 갔다. 윤기섭은 대한민국임시정부가 있는
상해로 향했으며, 이장녕은 북로군정서의 요청에
따라 참모장으로 부임했다. 오상세와 백종렬 또한
앞서 이범석과 함께 북로군정서의 사관양성소로 활
동무대를 옮겼다.

| 김알렉산드라

동지들이 만주 전역으로 진출한 것은 신흥무관학교 본래의 목적에
부합하는 것이었지만, 서간도에 남은 지청천으로서는 어깨가 그만큼 무
거울 수밖에 없었다. 더욱이 그는 3·1운동 직후 서간도에서 발족한 한
족회가 독립군 부대 편성에 착수해 상해 대한민국임시정부와 협의를 거
쳐 1919년 11월에 출범시킨 서로군정서 사령관으로 추대되었다. 군정
서의 참모부장에는 1920년대 전반기 서간도 독립운동의 상징적 인물인
김동삼이 취임했다. 이로써 신흥무관학교는 명실상부하게 군정부軍政府

| 신흥무관학교로 가는 길목인 통화현 광화진. 이곳에서 동북쪽으로 2~3킬로미터에 합니하 무관학교터가 있다.

성격의 서로군정서가 운영하는 독립군 양성 사관학교가 되었다.

독립운동에 참여하기 위해 청년들은 물론 노장년층까지 신흥무관학교에 입교했다. 우선 국내에서 위험을 무릅쓰고 많은 청년들이 조국 독립운동에 투신하기 위해 신흥무관학교에 입교했다. 이들은 국내 각지-신의주 여관-안동현-신흥무관학교(상해, 독립단)로 이어지는 입교자를 위한 경로를 통해 조직적으로 입교했다. 이것은 일제에 탐지된 신흥무관학교 입교 사례를 보면 알 수 있다.

수범首犯 최재화는 1919년 6월경 김영철·조강제와 함께 봉천성 유하현 지방의 불령선인과 기맥을 통하여 조선 내지의 독립을 요구하는 다수의 청년을 모집하여 동 지방에 보내어 군사교육을 시행하여 병기兵器로 무력 침입 등에 의해 독립운동의 봉화를 일으키려고 기도하고 …… 최재화는 조선 내에서 청년 권유 모집의 임무를 맡고 배승환·김두칠·강수남을 권유 가맹시켜 모집에 충당하고, 김영철은 신의주의 여관업을 이용하여 정해진 협정의 부호符號로 이들 밀 도항자를 식별하여 주로 대안 안동현으로 밀항을 담임하고, 조강제는 안동현에서 이들 밀항자를 상해 또는 봉천성 유하현 신흥(무관)학교 또는 독립단 등에 수송할 것으로 하여 …… 조강제는 그들 도래자에 대해 '강强'자의 기호를 십전 지폐 이면에 압날押捺하여 행선 연락지로 송치하여 권원하·김종엽 2명은 1919년 8월 유하현 삼원보 소재의 군정부 소관 신흥학교 제4기생으로 1920년 1월 하순 동교를 졸업(하였다).

인근 만주지역 동포 청년들의 입교도 잇따랐다. 그런데 이들 가운데에는 다른 항일무장단체에서 유능한 청년들을 신흥무관학교에 파견하여 군사훈련을 받게 한 경우도 많았다. 이것은 지청천 등 신흥무관학교의 독립군 간부 양성활동의 우수성이 만주 전역에 널리 알려져 있었기 때문이다. 신흥무관학교는 일제하 독립군 양성 사관학교로는 이례적으로 굳건한 '독립정신'의 소유자들을 대상으로 국사·국어·지리·수학·신체검사 등 일종의 입학시험까지 치렀다. 그럼에도 불구하고 신흥무관학교는 한때 한 기期의 생도수가 600여 명에 이를 정도로 발전했다. 신흥무관학교의 교육은 대체로 신흥중학의 교과 내용을 계승했다. 여기에 지청천이 일본 육사에서 익힌 최신의 군사이론과 경험, 그리고 직접 휴대하고 갔던 근대 병서와 군용지도 등을 활용해 이루어졌다.

망명 후 지청천은 많은 군사 인재를 양성하여 하루바삐 국내로 진공해 대대적인 항일전을 펼치려 했다. 새벽 4시에 일어나 학과를 시작하고 저녁 9시까지 군대전술과 유격훈련 등 신흥무관학교에서 생도들을 강도 높게 훈련시킨 것도 강력한 무장력을 길러 국내로 진공하기 위해서였다. 이 무렵 조국의 현실이 암울해질수록 더욱 절실하게 요구되는 군사력 배양에 대한 그의 생각은 그가 지은 시조에 잘 나타나고 있다.

백두산 천지 변에 칼을 짚고 우뚝 서서
조국강산 바라보니 기쁨보다 눈물겨워
언제나 천병만마 거느리고 짓쳐볼까 하노라.

1920년대 초 신흥무관학교는 전성기를 누리는 한편 중국 관헌에 의해 갈수록 가중되는 압력과 박해를 받았다. 중국 땅에서 다른 나라의 군사훈련을 허락할 수 없다는 것이 구실이었지만, 실은 만주에서 강화되는 조선 독립운동세력에 놀란 일제가 중국 동북의 군벌정권에 압력을 가했기 때문이다. 나아가 일제는 동삼성순열사東三省巡閱使 장작림張作霖에게 봉천과 길림에서 이른바 '중·일 합동수사'에 대한 허락을 사실상 강제적으로 받아내 남만주 일대에서 독립운동가에 대한 체포행위를 자행하기 시작했다. 급기야 1920년 10월 초 두만강 너머 훈춘의 일본영사관을 괴한들이 습격하여 일본인 14명이 즉사한 사건이 발생하자, 일본은 이를 조선인 소행이라고 주장하며 '간도출병'을 내외에 성명했다.

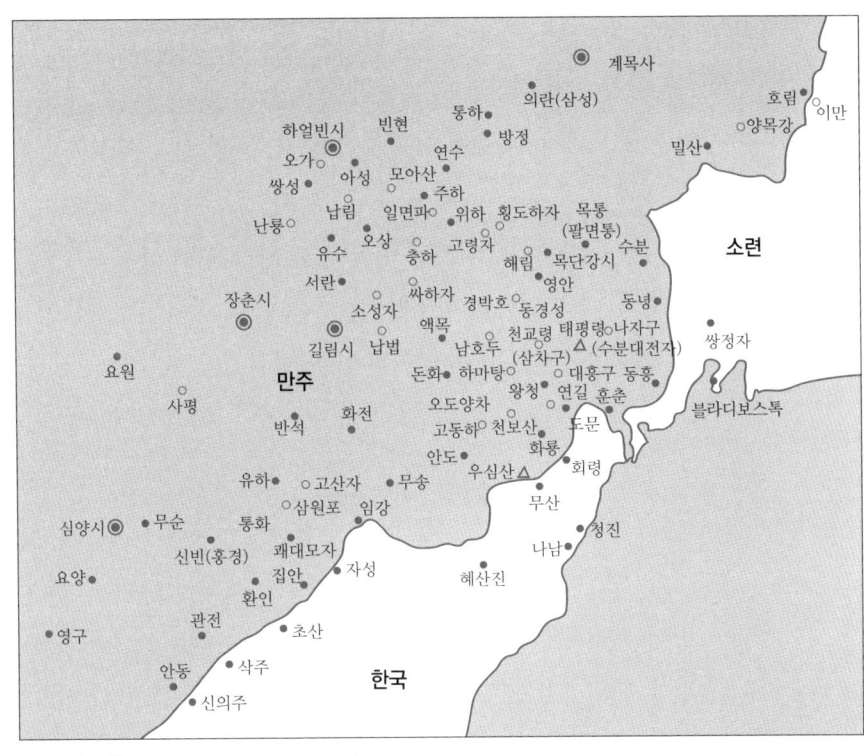

| 만주 중요 활동 지역

　이러한 상황에서 지청천은 우리의 독립군 한명은 왜적 100명과도 바꿀 수 없는 귀중한 존재라고 생각했다. 대대적인 전면전을 개시할 때까지는 우리의 힘을 온전하게 보전하여 무장력을 강화하는 것만이 항일전쟁에서 승리할 수 있는 길이라고 판단한 것이다. 그리하여 서로군정서 독판 이상룡, 참모장 김동삼 등과 협의해 신흥무관학교를 안도현 삼림지역으로 이동하고, 각 무장단체들과 연락을 취하면서 안도현에서 무장단체의 대동단결을 모색하기로 결정했다. 이곳은 밀림이 우거지고 지도

상으로 측량되지 않은 지역이 많기 때문에 적은 병력과 화력으로도 많은 병력과 화력에 대처할 수 있는 곳이었다. 또한 백두산 북쪽 기슭에 위치하여 국경과 가까우면서도 당시 일본군의 토벌 범위 안에는 포함되어 있지 않았다.

그런데 안도현이 독립군들에게 주목을 받았던 데에는 다른 이유도 있었던 것 같다. 안도현은 봉천성에 속해 있었는데 길림성과 접경지대였기 때문에 길림성의 중국군이 공격하기가 쉽지 않았고, 봉천성의 중국군이 공격하면 길림성으로 피신하기도 수월했다. 일제가 1920년 10월 대규모 병력을 동원해 길림성에서 이른바 독립군 토벌작전을 폈을 때, 안도현은 중국으로부터 '작전지역'으로 허가받지 못했다.

전략적인 측면에서 지청천이 이끄는 한족회·서로군정서의 부대가 이곳으로 이동한 것은 북간도 지역의 독립군과 '공동행동'을 취하기 위해서였다. 1920년 6월 봉오동전투에서 패배한 일본군이 간도지역 불령선인 초토剿討계획을 세워 대규모 군대를 투입하겠다고 위협하자, 중국 당국은 이에 굴복하여 중국군의 출동을 약속했다. 그러나 중국 관헌 중에는 한국 독립운동에 동조하는 사람들도 적지 않았다. 독립군의 힘도 강성하여 '토벌'도 용이한 일이 아니었기 때문에 북간도의 여러 독립군단에게 중국의 체면을 생각해서 눈에 잘 띄지 않는 삼림지대로 이동할 것을 요구했다. 이에 따라 북간도지역의 독립군 단체들은 8월 초부터 이동을 시작했다.

상황이 어려워지자 생도들은 동요하지 않을 수 없었다.

"견인자중堅忍自重하여 일시 후퇴해야 한다."

| 봉오동전투 보도 기사

"중국군의 무기를 탈취해 일본군과 싸워야 한다."

이들은 연병장에 모여 서로 논쟁을 거듭했다. 일부 생도들은 사령관 지청천 앞에 나아가 맨주먹으로라도 싸우겠다고 다짐하였다. 이에 지청천은 연병장에 생도들을 집합시켜 설득했다.

"중국군의 무기를 탈취함은 도의상 어긋나고 협력자를 적으로 만드는 결과를 낳기 때문에 자중하고, 일시적으로 안도현으로 후퇴해 군사력을 강화한 뒤에 전면전을 전개해야 한다."

이어 각 구대별로 행동을 취해 군기를 엄격하게 하고 화전지역을 거쳐 안도현 백두산 북쪽 기슭으로 행군하라고 명령했다.

이에 따라 신흥무관학교 교성대 400여 명과 지청천, 서로군정서 참모장 김동삼과 간부 요원, 무관학교 교관인 김창환·오광선·손무영·김승빈 등은 유하현을 출발해 백두산 쪽으로 이동을 개시했다.

서로군정서 사령관

남만주지역에서는 국내의 신민회가 서간도로 옮겨 조직한 부민단扶民團을 토대로 발전한 한족회, 한족회에서 독립전쟁을 일으키기 위해 건립한 서로군정부·서로군정서, 향약계·농무계·포수단 등 여러 단체가 모여 조직된 박장호·조맹선 등의 대한독립단, 3·1운동 직후 청년단을 통합한 대한청년단연합회(총재 안병찬) 등이 대표적으로 활동했다.

여기에서 서로군정서는 서로군정부를 모체로 탄생했다. 서로군정부는 신흥무관학교를 통해 독립군 간부를 양성하고 있었다. 그런데 1919년 상해에 대한민국임시정부가 수립되자 한족회·서로군정부는 윤기섭을 상해에 파견해 국제 외교상 임시정부는 상해에 두며, 무장투쟁은 만주가 적합하므로 군사기관은 만주에 둘 것 등을 결정하였다. 이에 따라 서로군정부는 서로군정서로 조직체를 변경했다.

서로군정서는 크게 동포에 대한 행정기구와 무장활동을 위한 군사조직으로 대별해 볼 수 있다. 행정기구 최고의 수장인 독판에 이상룡, 부독판은 여준이 맡았으며, 군사조직의 군무사장은 양규열, 참모부장은 김동삼이 맡았다. 지청천은 서로군정서 사령관에 임명되었다. 그는 신흥무관학교 교성대장을 겸했다.

병력은 신흥무관학교 교성대를 위시하여 헌병대(대장 성준용), 각 지방의 재향군인으로 구성된 중대(1중대장 채찬, 4중대장 신광재), 경비대(대장 오광선), 별동대(대장 오광선·차천리), 유격대, 임강현출장대臨江縣出張隊 등으로 구성되었다. 아울러 군무부·참모부, 사령부 부속으로 참모·군사과·교육과·헌병과·경리과·전상과典賞課·의무과 등이 있었다.

서로군정서의 중대 편성은 초기엔 최소 4개 중대가 있었던 것으로 보인다. 이들 중대는 신흥무관학교 출신들을 중심으로 각 지방의 청년들로 짜여졌다. 신흥무관학교 출신은 졸업 후 각 지방으로 가서 서로군정서 부대의 하사관 혹은 간부가 되었으며, 서로군정서 부대원은 각 지방에 거주하는 재향군인이었다. 서로군정서 사령부와 각 지역 주둔 중대의 연락은 주로 신흥무관학교를 통해 이루어졌다. 사령관 지청천이 신흥무관학교 교성대장이기도 했기 때문이다. 따라서 지청천은 신흥무관학교를 중심으로 인편을 통해 지역 주재 각 중대를 통솔했다.

1920년 초 서로군정서는 훈련을 마친 독립군을 무장시켜 국내로 진공하기 위해 노력했으나 무기가 부족하여 곤란한 점이 많았다. 이에 서로군정서는 1920년 5월 김준과 김봉학 등 14명의 대원을 추풍秋豊에 파견해 무기를 구입해오게 하는 등 많은 노력

| 윤기섭

| 이상룡

| 김동삼

| 북로군정서부대

을 기울였다. 이것으로 불충분하나마 각 지역에 주둔한 서로군정서 의용군 중대를 무장시킬 수 있었다. 이후 무장한 의용군 중대가 활동하면서 적지 않은 전과를 올렸다. 1920년 6월 이후 서로군정서 의용군은 국내진공작전을 전개해 일제의 기관을 습격하고 일본 경찰과 교전했으며, 또한 군자금을 모집하고 친일파나 밀정을 처단했다. 이러한 적극적 투쟁은 3·1운동의 실패 이후 독립전쟁론의 분위기를 반영하여 무장 독립군이 국내로 진입해 적과 전투를 벌여 저들을 경악하게 만들었다는 데 의의가 있다.

서로군정서는 이러한 군사활동을 전개하며 다른 한편으로 일본군의 토벌작전과 중국 관헌의 박해라는 상황에 대처하여 만주지역 각 무장단체의 대동단결을 통해 무장력을 강화하려 했다. 이에 따라 서로군정서는 행정기관은 액목현額穆縣으로, 행정요원 외의 군사요원과 교성대는 지청천의 통솔 하에 안도현으로 전술적인 이동을 단행했다. 이어 각 지역의 의용군과 재향군인들은 해당 지역에 남아 동포들을 보호하는 임무에 종사했다. 하지만 이들 재향군인들은 1920년 10월 일본군의 이른바 '경신대토벌'로 참혹한 피해를 입었다. 그 뒤 서로군정서는 이상룡·김창환·채찬 등에 의해 의용군·별동대 등의 형태로 재조직되어 남만주의 무장단체 통합운동에 참여하면서 발전적으로 해소되었다.

노령을 향하여

지청천이 이끄는 신흥무관학교 교성대를 중심으로 한 서로군정서 부대가 안도현으로 먼저 들어간 뒤, 1920년 하반기부터 북간도지역의 다른 독립군 단체들도 이동을 개시했다. 홍범도가 이끄는 대한독립군은 명월구 등의 기지를 떠나 8월 중순경 화룡현 이도구 어랑촌 일대에 새 군사기지를 창설했다. 안무의 대한국민회군과 대한의군부·대한신민단·대한광복단 등도 홍범도 부대에 합류했다. 맨 나중에 이동한 부대가 김좌진이 이끄는 대한군정서, 즉 북로군정서였다. 이들은 노령으로 파견한 무기 운반대가 들어오지 않아 머뭇거리고 있다가 9월 6일 중국인 맹부덕孟富德이 이끄는 부대가 들어와 이동을 재촉하자 9월 9일 시급히 사관연성소 졸업식을 치른 뒤 부대를 재편성하여 17~18일경에 서쪽으로 이동하기 시작해 10월 중순경에야 화룡현 청산리 일대에 도착했다.

| 청산리대첩 전적비

한편 이보다 앞서 서로군정서는 지청천의 지도 아래 안도현으로 이동하면서 북로군정서와 통합을 구상했다. 이를 위해 이동 직후 북로군정서에 협동작전의 필요성을 전달하고, 서로군정서 사령관 지청천과 독판 이상룡 명의로 북로군정서에 편지를 보내 공동작전 등에 대해 협의하였다. 협동과 통합을 구상하게 된 데에는 보다 현실적인 상호간의 보완관계도 작용했다. 즉 서로군정서는 무기가 거의 없었는데 북로군정서는 이 시기 다량의 무기를 구입해 보유하고 있었기 때문에 신흥무관학교 졸업생과 관계자들이 서로군정서에서 훈련과 전략 전술을 체득한 뒤 독립전쟁에 참여하기 위해 북간도로 향했던 것이다. 이와 같은 신뢰와 공동의 보완관계를 기초로 1920년 5월 29일에 이미 북로군정서 대표인

사령관 김좌진과 서로군정서 대표 헌병대장 성준용 사이에 「체약문」이 맺어졌다. 체약문에서 두 군정서는 대한민국임시정부를 옹호할 것을 천명하고, 두 기관의 친목은 물론 군사상 일체의 중요 안건을 상호 협모協謀하여 어긋남이 없도록 하며, 사관의 양성과 무기 구입도 서로 협력할 것을 약속했다.

독립군 단체들이 안도현을 향해 이동을 시작할 무렵 안도현에 미리 도착해 머무르고 있던 서로군정서(신흥무관학교)는 지청천의 지도 아래 군사훈련에 매진했다. 이러한 상황을 일제는 다음과 같이 파악하였다.

안도현 내두산에 있는 군정서 무관학교의 생도는 약 200명으로 …… 서로군정서는 안도현 삼인반에 본부를 두고 그 경영하는 무관학교는 간도 군정서의 장정에 비해 규모가 크고 생도도 더 다수이다. …… 안도현 내두산에는 일본 사관학교 졸업생으로 청도의 역役에도 참가한 경험을 지닌 이청천이 있어 무관학교를 경영하여 생도 100명을 교양하고 있다. …… 서로군정서 무관학교의 생도는 약 8할이 공립보통학교의 졸업생으로 조선 내지로부터 입학자도 일본식 교육을 받았으나, 다수의 그들은 재학중 조선인 교사로부터 극단적인 배일排日교육을 받은 바 많다.

한편 군사를 이동하던 각 독립군 단체의 지도자들은 10월 초 화룡현 삼도구에서 회합하여 일본군의 침범에 대한 대책을 협의했다. 그리하여 북로군정서 부총재 현천묵 등의 주장에 따라 장기전에 대비하고 독립군의 역량을 보존하기 위해 일본군과 정면 대결을 피하고 자중할 것을 결의하였다. 10월 13일에는 화룡현 이도구에서 홍범도 부대와 국민회군·신민단·의민단·한민회 등의 무장단체가 연대회의를 열어 연합부대를 편성했다. 그런데 북로군정서와 이 연합부대가 이동하던 중 10월 21일 청산리에서 일본군과 만나 그 유명한 청산리전투가 일어났다. 지청천도 부대를 이끌고 이 전투에 참여해 적지 않은 성과를 거두었다. 서로군정서 독판 이상룡의 행장에는 지청천이 이끄는 서로군정서의 부대가 청산리에서 왜적을 만나 수백 명을 사살한 것으로 기록되어 있다.

홍범도 부대는 김좌신 부내의 백운평전투가 있었던 다음날인 10월 22일 완루구전투에서 일본군에 타격을 입히고, 청산리전투의 최대 격전이었던 어랑촌 일대의 전투에서 '우연히' 김좌진 부대와 협공해 치열한 공방전을 전개했다. 홍범도 부대가 일본군의 추격을 격퇴시킨 마지막 전투는 10월 25~26일에 걸쳐 고동하 상류에서 전개되었다. 지청천이 이끄는 서로군정서는 홍범도 부대의 전투에 참여해 일본군과 싸웠다.

그 뒤 지청천 부대 약 400명은 홍범도 부대 약 600명과 통합하여 홍범도를 총사령에, 지청천을 부사령으로 삼고, 북로군정서 부대가 북만주의 중·소 접경지역인 밀산으로 간다는 소식을 듣고 밀산 쪽으로 향했다.

대사하-돈화현-동경성-영안현-목릉-밀산에 이르는 대장정은 고난의 연속이었다. 험난한 길을 택한 이유는 독립군의 세력을 보존하기 위해서였다. 일본군과 접전을 피하기 위해 우회해 어려운 행군 노선을 택했던 것이다. 북만주의 산악은 더욱 험해지고 행군 속도는 점점 늦어졌다. 여기에 10월 하순에 이미 찾아온 한겨울의 날씨는 온 천지를 빙설로 뒤덮었다. 영하 40도의 추위에 짚신발은 얼음뭉치로 변하여 총검으로 부숴내야 할 정도였다. 허벅지까지 쌓인 산악의 눈길을 터야 하는 선두 부대는 30분마다 교대되었다. 미리 준비했던 식량은 오랜 행군으로 떨어져 배고픔에 시달렸으며, 북간도에서 험하기로 유명한 팔덕령을 넘어 팔면통에 당도하기까지는 천릿길로 무려 2개월이나 소요되었다.

자유시사변을 겪고

독립군 무장부대들이 대거 집결한 밀산은 1910년 전후부터 항일무장투쟁의 기지로 터전을 닦아오던 곳이었다. 그러나 기반 등이 협소하여 3천여 명에 달하는 독립군이 활동하기에는 적합하지 않았다. 한편 당시 소련은 볼셰비키혁명에 성공한 뒤 피압박 약소민족의 해방을 위해 후원을 아끼지 않는다고 선전하고 있었다. 아울러 노령 연해주에는 일찍부터 이동휘·문창범 등이 독립운동 근거지를 건설하면서 사회주의운동을 전개하고 있었다.

특히 간도와 연해주에서 이동한 무장부대들은 대부분 직·간접적으로 이동휘와 그가 주도하는 한인사회당과 연계를 맺고 있었다. 홍범도와 김규면, 이용 등이 특히 그러하였다. 노령으로 이동하는 것이 '퇴각'의 성격일 수밖에 없기 때문에 밀산에 모여든 각 독립군 부대 사이에는 통합을 해야 한다는 열망이 높았다. 최진동이 이끄는 도독부와 허재욱이 지휘하는 의군부가 대한총군부大韓總軍府로 통합된 사실은 대표적 사례이다. 하지만 각자 다른 지역을 기반으로 활동해 왔던, 이전에 서로 만난 적이 없는 부대들의 통합은 쉬운 일이 아니었다. 최근 연구에 따르면 북로군정서는 말할 것도 없고 안무가 이끄는 국민회군도 노령으로 넘어 갔다. 따라서 밀산에 집결한 각 부대가 러시아령으로 넘어가기 전에 대 한독립군단을 조직했다는 그간의 견해는 사실이 아닌 것으로 보인다.

지청천을 비롯해 밀산에 집결한 무장 독립군 지도자들은 충분한 협의를 거친 뒤 노령 이만으로 가서 재집결하기로 결정했다. 지청천은 홍범도와 함께 대한의용군 병력 800여 명을 이끌고 노령으로 넘어갔다. 혹한의 날씨에 소·만 국경을 넘어 이만에 도착한 독립군 부대들은 도착하자마자 무기를 구입하기 위해 노력했다. 당시 이만에는 제1차 세계대전에 출병했던 체코 군대가 고국으로 돌아가면서 장총을 싼 값에 팔고 있었다. 이와 함께 치타의 극동공화국 정부(원동정부)의 지원을 확보하기 위해 노력하여 '러시아 노농정부'는 조선의 독립을 위해 군대의 무장력을 지원하며, 조선독립군은 노령에서 적군赤軍과 함께 일본군의 침입에 공동 대처한다는 원칙에 합의했다.

1920년 7월 극동공화국 정부와 일본은 협정에 의해 일본군이 노령에서 철병하기로 되어 있었다. 이듬해 초에는 스파스크 시 북쪽에서 우수리 지역 경계선을 중립지대로 일본군과 소련 극동공화국 정부의 대치 상태가 지속되고 있었는데, 이만은 일본군 주둔지와 멀지 않은 곳에 있었다. 이에 극동공화국 정부는 일본군의 철수를 요구하는 명분을 찾기 위해 접경지역에 가까운 이만에 강력한 무장부대를 조성하는 것이 불리하다고 판단해 조선 독립군단을 자유시로 이동시키려 했다. 당시 자유시에는 노령 연해주에서 빨치산 활동을 하던 부대(이만 군대·다반 군대·독립단 군대·자유대대·사할린 부대 등)와 아울러 만주에서 활동하던 총군부

| 자유시사변 보도기사

군대(최진동·허재욱), 국민회 군대(안무·정일무) 등이 이미 도착해 있었다.

그런데 극동공화국 정부와 조선독립군 사이에 정식 군사협정조차 체결되지 않은 상황에서 독립군단이 자유시로 이동할 때 극동공화국 정부가 독립군의 무장을 일시 해제시킨다는 데서 문제가 발생했다. 극동공화국 정부는 독립군의 무장 사실을 일본군이 알면 그들이 소·일 협정을 위반하고 다시 이만 지역으로 침공할 것이므로, 일단 무장을 해제한 후 자유시에서 무장을 갖추도록 했다. 이에 지청천·홍범도·김좌진·나중소 등 독립군 지도부는 대책회의를 가졌다. 여기서 지청천·홍범도·김혁 등은 자유시로 이동해 무장을 갖추고 만주·노령지역 무장부대의 단결을 도모하는 것이 유리하다는 결정을 내렸다. 반면에 김좌진 등 북로군정서 지도부는 만주로 돌아가기로 결정했다. 이만에서 80리 거리의 '와구퉁'에서 중대별로 훈련에 열중하던 독립군은 무기를 극동공화국 정부에 맡기고 열차편을 이용해 1921년 3월 초 이만을 출발하여 같은 달 중순경에 자유시에 도착했다.

마침내 자유시 부근에 집결한 만주 독립군과 노령 빨치산 부대는 통합하여 대한의용군 총사령부를 편성했다. 통합군단은 사할린 부대(니항군대)·이만 군대·청룡 군대·광복단·군정서·의군부·도독부·혈성대 등으로 구성되어 총인원 3천여 명에 달했다. 그리하여 전체 의용군을 자유시 부근 마사노프로 이주시켜 부대를 편제함과 아울러 군사훈련을 개시했다. 여기서 지청천은 대한의용군 총사령부 지휘부의 일원(참모)으로 연대장 겸 총 교관으로서 의용군 3천 명에 대한 일체의 군사교육과 훈련을 책임지게 되었다.

그런데 노령의 무장부대 사이에 주도권을 두고 갈등관계가 조성되면서 새로운 문제가 발생했다. 1921년 1월 박일리야는 극동공화국 군사부와 교섭하여 자유시에 집결하는 무장단체를 자신의 지휘 아래 두기 위해 노력했다. 그는 자신의 니항 군대를 '사할린부대'로 고치고 노령의 빨치산 부대와 만주 독립군 부대가 자유시에 도착함과 동시에 이를 실현하려고 했다. 아울러 통합군단으로 출범한 대한의용군 총사령부도 '사할린특립의용군'으로 불렀다. 이러한 상황에 불만을 품고 홍범도와 최진동은 마사노프에서 자유시로 탈출했다. 지청천은 사할린 부대의 독단적인 행동이 독립군 양성을 어렵게 한다는 판단 아래 김창환·김승빈·오광선·손무영 등 14명과 함께 마사노프를 탈출해 흑하로 향했다. 만주로 돌아가기 위해서였다.

여기서 사할린 부대의 전횡에 반대한 노령 자유대대의 오하묵 등은 극동공화국 정부와 재협상을 하기 위해 이르쿠츠크·치타로 가서 고려혁명군정의회를 구성한 뒤 자유시로 돌아와 군사단체 재편에 착수했다. 군정의회 측은 지청천을 초빙하기로 하고, 그가 머물고 있는 흑하로 급히 사람을 파견하였다. 이들은 지청천에게 더 이상의 군권 다툼은 없을 것이며 노령에서의 무장활동을 보장한다면서 그를 설득했다. 이에 지청천은 김승빈·오광선·손무영 등과 함께 자유시로 돌아가 홍범도와 협의, 군정의회의 제안을 받아들이기로 했다. 내면적으로 지청천 등이 고려혁명군정의회 측을 선택한 것은 무장부대의 통합이라는 명분과 '소련 및 코민테른의 권위'에 대한 인정, '무기 및 식량의 원활한 공급'이라는 현실적인 조건에 대한 고려 때문이었다. 또한 군정의회가 이르쿠츠크에서 대동하고 온 군대, 즉 합동민족연대의 한인부대 600여 명과 카자크 기병 600여 명으로 구성된 군정의회 군대의 강력한 무장력 또한 무시할 수 없는 조건이었다.

그러나 철석같은 약속에도 불구하고 양측의 갈등관계는 좀처럼 해소되지 않았다. 군정의회는 이르쿠츠크 공산당을 배경으로 하고 있었고, 사할린 군대는 상해파를 배경으로 하고 있었다. 양 세력은 갈등관계를 해소하고 무장단체의 재편을 위해 수랍스크에서 여러 차례 회합을 가져 3개 연대와 경비대로 구성된 고려혁명군高麗革命軍을 편성한다고 공포하기에 이르렀다. 여기서 지청천은 오하묵이 이끄는 자유대대와 함께 3연대에 속했다. 하지만 상당수의 사할린 부대원들은 군정의회가 주도한 고려혁명군에 참가하기를 거부하고 강하게 반발하였다. 이에 지청천과 홍범도가 대동단결을 위해 군정의회 측에 사할린 부대 지도자들을 중용하도록 권고했으나 사태는 진정되지 않았다. 더구나 군정의회가 사할린 부대의 무장을 해제하려 하자 지청천과 홍범도는 이를 반대하고 만주 독립군 부대의 출동을 거부했다.

두 사람의 반대와 상관없이 6월 27일 밤 극동공화국 군무부장과 코민테른 동양비서부를 배경으로 한 군정의회는 고려혁명군 사령관 칼란다라쉬빌리의 명령을 빙자해 사할린 부대의 무장해제를 시도했다. 무장해제에는 자유시 수비대 29연대, 2군단 기병대대, 라키친 저격연대가 동원되었다. 대한의용군 총사령부의 사할린 부대는 무장해제에 저항하다 많은 희생자를 냈다. 세칭 자유시사변에서 입은 독립군의 피해에 대해 이르쿠츠파의 기록에는 사할린의용대 사망자 36명, 포로 864명, 행방불명 59명으로, 상해파의 기록에는 사망자 272명, 익사자 31명, 행방불명 250명, 포로 917명으로 기록하고 있어 그 수가 다르나, 사할린 부대 측이 일방적으로 막대한 피해를 입었음은 분명하다. 자유시사변으로 인해 무장 독립군 부대의 통합운동은 실패로 돌아가고 말았다.

고려혁명군사관학교 교장

사할린 부대의 저항을 무력으로 진압한 고려혁명군 지휘부는 값비싼 대가를 치루긴 했지만 한인부대의 통일이 완수되었다고 간주했다. 이들은 당초 계획대로 조선과 중국의 국경지대로 진출하고자 했다. 그러나 1921년 7월 5일 고려혁명군의 지휘부인 군정의회는 코민테른 동양비서부로부터 '고려혁명군대를 만주로 출동할 계획을 정지하고, 속히 군대를 영솔하여 이르쿠츠크로 들어가라'는 전보를 받았다. 철병을 둘러싸고 극동공화국과 일본 사이에 대련회담이 개최된다는 것이 이유였다.

그러나 사실 이르쿠츠크로의 회군은 만주 출정계획의 취소를 의미했다. 군정의회는 새로운 정세가 도래할 때까지 일단 극동공화국의 영토에서 벗어나 '원대한 대책'을 강구할 수밖에 없었다. 따라서 극동공화국의 관할구역인 자바이칼주와 아무르주 일대에서는 더 이상 한인 무장부대가 존재하지 않게 되었다.

이르쿠츠크에 주둔하게 된 고려혁명군은 1921년 8월 말 1개 여단으로 재편성해 적군 제5군에 예속되었다. 전체 병력수는 1,745명의 한인, 371명의 러시아인, 314명의 중국인을 합해 총 2,400명이었다. 최고 지휘부서로 참모부·공급부·위생부·정치부를 포괄하는 여단관리부가 설치되었고, 여단관리부는 자체 직속으로 간부 양성을 위한 특립대대를 설치하고 여단특립 연락중대와 특립 보병소대를 두었다. 여단관리부 예하에는 전투부대로서 2개 연대가 배속되었다. 여단장에 칼란다라쉬빌리, 군정위원에 박승만, 참모장에는 러시아 적군 제5군에서 파견된 데미도프가 임명되었다.

지청천은 고려혁명군이 군사간부 양성을 위해 1921년 10월 28일에 여단 내에 설치한 고려혁명군사관학교 교장에 취임했다. 지청천의 교장

| 신흥무관학교의 둔전제 시행 모습

취임은 일본 육사 출신이라는 경력과 신흥무관학교 교성대장, 서로군정서 사령관 등의 명성이 작용한 결과였을 것이다. 이 사관학교는 6개월 과정으로, 200명이 선발되어 2개 중대 6개 구대로 편제되었다. 이들은 포병과(기병교관대·보병척후대), 연락과(통신·전화·연락대), 기술과(의생 및 간호대·무기제조 견습생·음악대 등)로 나뉘어졌고, 일부 교과목은 러시아 적군 제5군단 내 교관을 초빙해 수업했다.

고대했던 만주 출병의 꿈이 깨지고, 자유시사변으로 적지 않게 정신적 타격을 입었음에도 불구하고 처음 신흥무관학교 교관을 맡았던 때와 마찬가지로 독립군 양성을 위한 지청천의 열의는 전혀 시들지 않았다. 군정의회 정치부가 사관학교 교장과 부관·중대장·구대장 등 11명을 대상으로 은밀하게 작성한 「심리조사표」의 내용은 이를 말해준다.

지청천은 본시 우리나라 양반으로 일본에 유학한 후 지금까지 지식계급과 관료계급에 함양된 사람이므로 자존성과 자대심自大心은 한편에 늘 있는 모양이고, 학교에 대한 정성은 대단하고, 자못 학생으로 하여금 어느 때든지 자기 지휘 밑에 달아두고자 하는 기상을 갖고 있다.

신흥무관학교 교관 출신으로 교성대를 이끌고 자유시로 이동해 온 군사 지도자이며, 사관학교에 대한 정성은 대단하지만 당(이르쿠츠크파 고려공산당)에 대한 헌신은 '의문부호'인 인물이다.

지청천의 이러한 면모에 대해서는 교관으로 함께 활동했던 이지택의 회고에도 나타나 있다.

11월인가 눈이 펄펄 날리는 날에 지청천 씨의 취임식이 거행되었다. 내가 사관학교 제1중대 군정위원으로 임명되어 중대장 채영과 함께 있을 때인가 교정의 높은 단 위에서 지씨가 취임사를 하던 날 눈이 퍼부어서 간단히 끝내고 만 적이 있다. 지 교장은 아직 일본말이 입에서 튀어나오려는 것을 억지로 참으면서 '에-또'를 연발하면서 더듬더듬 연설을 한 대목 하였는데 말을 더듬고 한 토막씩 잘라 말하는 것이 오히려 군인다운 위엄이 보였다.

사관학교 교관으로는 2명의 중대장과 6명의 구대장이 집무했다. 중대장에는 채영·김승빈이, 구대장에는 김의준·이봉기·김신복·황선규·김복권·강근호가 맡았다. 학교 내 정치사업을 담당하는 군정위원장에는 선우정과 함께 최호림이 선임되었다. 이 외에 본부 부관으로 김명무·박밀양·최필립 등이 선임되었다.

군사 교련은 매일 3시간씩 시행되었다. 과목으로는 각개교련, 사격자세(입사·슬사·복사), 총도수체조, 예행연습, 산조, 돌격 등이 채택되었다. 강연과 토론회를 통한 정치교육도 사관학교의 중요 교과목이었다. '단합적 병영생활'·'자본주의 제도론'·'원동형편'·'혁명군의 책임 및 고려청년의 앞길' 등이 강연제목으로 선정되었다. 사관생도들이 관심을 기울인 문제는 국제정세였는데, 예컨대 1922년 1월 당시에는 워싱턴회의와 극동민족내회기 많은 관심을 끌었다고 한다.

사관학교의 운영에 필요한 일체의 군수물자는 러시아 적군 제5군단에서 조달을 받았다. 그러나 물자와 설비는 항상 부족했다. 겨울철 혹한으로 유명한 시베리아의 이르쿠츠크였으나 증기난로를 충분히 지필 수 없었기 때문에 영내 공간은 매우 추웠으며, 사료가 부족해 군마 세 필이 죽기도 했다. 또한 정치교육을 시행할 공간이 마땅치 않았고 피복은 물론 교재와 지필묵도 모자라 많은 곤란을 겪었다. 게다가 극심했던 러시아의 흉년은 이들의 식량보급마저 말이 아닌 상태로 몰아갔다. 이지택의 회고에 따르면 아침은 끓는 물 한 종지이고, 점심은 '과우탕過牛湯(소가 헤엄치고 지나간 것처럼 멀건 국물이란 뜻)' 한 그릇이었다. 그나마 배급되던 '홀레브' 빵도 점차 적어지고 질도 형편없어졌다. 이 때문에 고려혁명군 사관학교 생도 출신들이 이후 혁명운동이나 독립운동에 참여하고 그 과정에서 많이 희생되었음을 지청천은 해방 후 일기에서 다음과 같이 술회했다.

장두관 군은 1920년 홍범도 장군의 정일군 소대장으로 있다가 이르쿠츠크 시 고려혁명군사관학교에서 나의 교장 하에서 수훈한 제자이다. 200명 학생 중 병사·전사 등 희생자가 불소한 중, 생존자는 요요무기寥寥無幾인 중, 장대령(해방 후 육군대령으로 102 노무사단장을 지냄)은 시종 변절치 않고 ……

이르쿠츠크사관학교의 출신도 (이)백여 명이건만은 지금에 남은 사람은 요요무기하니 우리의 혁명운동은 참으로 유혈극의 참혹한 노름이었던 것을 더욱 상기케 된다.

지청천 등은 고려혁명군 내에서 사관학교 교육을 통해 항일투쟁의 무장세력 강화를 위해 노력했다. 이 가운데서도 특히 초기 한인사회당과 관계 속에 노령으로 이동해 왔던 무장 독립군 부대의 성원들 중에는 여전히 군대를 이끌고 조선 국경지대로 나아가 전투를 하려는 이들이 적지 않게 남아 있었다. 이들을 움직인 것은 모스크바에서 코민테른 집행위원회로부터「한국문제결정서(11월 결정서)」를 휴대하고 이르쿠츠크에 온 이동휘였다. 이 결정서는 군대문제에 대한 평결로, 자유시사변에 대해 군정의회와 대한의용군 양자 모두에게 책임을 물었다. 이 결정에 따라 고려공산당 연합중앙간부 위원으로 선출된 이동휘와 홍도는 곧 이르쿠츠크로 와서 고려혁명군 안에 있는 친親 상해파 인물들과 접촉을 가졌다.

이동휘와 홍도는 새로운 연합간부의 자격으로 1921년 12월 15일 고려혁명군 여단 내 공산당 지부에서 양당 연합에 관한 보고회를 가졌다.

12월 27일에는 여단 총회에도 참석해 군인들을 격려했다. 이때 이동휘 등은 친상해파 장교들과 연락하여 고려혁명군의 극동極東 이동을 추진했다. 오하묵이 '여단을 극동으로 진출시키고 여단을 노동군으로 재편하라는 명령을 저지했다'는 이유에서였다. 그러나 이동휘가 1922년 1월 말 코민테른의 소환으로 모스크바로 떠난 뒤 3월 18일 친상해파 장교들은 모두 체포되었다. 10여 일간의 심문이 이루어진 끝에 4월 5일 황하일과 채영 등 16명이 재판에 회부되었다.

이들의 죄목은 한인들을 극동으로 불법 이동시켜 그곳에 민족주의 조류의 빨치산부대를 창설하고, 적군 대중에게 지도부에 대한 불신을 퍼뜨려 적군을 붕괴시키고, 조선 프롤레타리아트의 이해에 반하는 개인적인 권력욕을 만족시키기 위해 이용할 목적으로 하는 비밀조직을 창립하고 참여·지원했다는 것이었다. 이것은 고려혁명군이 극동으로 진출해 일본군과 전투를 벌일 의사가 전혀 없음을 의미했다.

이 소용돌이 속에서 지청천도 3월 31일에 전격 체포되어 증인으로 심문을 받았다. 그가 증인으로 심문을 받은 것은 처음부터 군정의회를 선택함으로써, 이동휘 등의 포섭 대상에는 포함되지 않았기 때문이다. 그는 10여 일간 심문을 받는 동안 모진 고문으로 형언할 수 없는 고통을 감내해야 했다. 풍파가 진정될 즈음 그해 8월에서 9월 사이에 마침내 고려혁명군은 해산 수순을 밟게 되었다. 8월 15일 이후 장교와 병사들 중에서 선발된 70여 명은 사관학교에 입학하기 위해 모스크바로 떠나고, 노약자로 제대한 군인 500여 명은 각자 제 갈 길을 가고, 정식 군인은 극동공화국 군부의 인도 하에 고려혁명군 특립연대로 원동 모처에 주둔케 했다고 한다.

여기서 '원동 모처'란 치타 북쪽에 위치한 금광지역이었다. 영국인이 경영하던 이곳의 금광을 고려혁명군 여단에 양도해 이곳에서 자력으로 물자를 조달하여 군대를 유지하도록 하기 위함이었다. 이리하여 고려혁명군은 600여 명의 고려혁명군특립연대로 재조직되었고, 이 과정에서 지청천은 퇴역하는 홍범도와 작별을 고했다.

지청천은 고려혁명군특립연대를 인솔하고 치타 북쪽으로 이동해 1922년 10월 말 이전에 목적지에 도착했다. 그는 이곳에서 운동자금을 확보하여 재기를 도모할 작정이었다. 그러나 폐광과 다름없이 버려진 금광에서 독립운동 자금을 충당한다는 것은 당초부터 기대하기 어려웠다. 이에 지청천은 상해에서 개회되는 국민대표회의에 고려혁명군특립연대의 대표 자격으로 참가하는 것을 계기로 흩어진 독립군들을 모으고, 만주로 진출해 전면적인 항일무장투쟁에 나설 준비를 서둘렀다. 이를 위해 자신이 양성한 고려혁명군 사관학교 졸업생 100여 명을 만주에 가까운 지역인 소왕령(우수리스크)으로 이동시켜 장래 군사활동에 유리한 거점을 확보하게 했다.

이 무렵 그의 동향을 『동아일보』는 다음과 같이 보도하고 있다.

러시아 소왕령에는 지금 사관학교(고려혁명군 사관학교) 졸업생만 백여 명이 김승빈 씨를 중심으로 모여 ㅇㅇㅇㅇ을 ㅇㅇ키 위하여 분투하는 중이라 하며 …… 국민대표회의에 참석한 리청천 씨가 돌아오는 것을 기다리고 있다더라.

3
대동단결을 위한 투쟁

국민대표회의, 무장단체 통일을 역설

1920년대 해외, 특히 중국지역에서 전개된 민족운동세력의 통일전선운동은 1919년 9월 중국 상해에서 선포된 '통합' 임시정부 성립에서 비롯되었다. 통합 임시정부는 1919년 4월 11일 중국 상해에서 수립된 대한민국임시정부와 이보다 한발 앞서 3월 17일 노령 연해주에서 성립한 대한국민의회가 3·1운동 시기 독립만세운동의 진원지인 서울에서 선포된 한성정부漢城政府를 봉대하기로 합의해 탄생한 정부였다.

통합 임시정부는 한국 최초의 사회주의정당인 한인사회당이 한 축으로 참여했다는 점에서 그 자체로 좌·우 합작에 의한 민족통일전선 정부였다. 그러나 통합 임시정부는 출범 직후부터 분쟁에 휘말렸다. 통합의 한 축인 대한국민의회가 상해임시정부의 '개조'를 이유로 상해임시정부와의 통합을 파기하고 재건을 선언했기 때문이다. 즉 대한국민의회는 상해임시정부가 노령의 국민의회와 동시에 해산하고 서울에서 선포된 한성정부를 봉대하기로 했으면서도, 당초의 약속과는 달리 임시의정원을 해산하지 않고 상해임시정부 내각의 각료만을 한성정부 각원閣員(각료) 대로 개조해 자신들을 기만했다고 비난했다.

상해임시정부의 위기는 통합을 파기하고 재건을 선언한 대한국민의회 세력이 북경을 무대로 활동하던 박용만, 신숙, 신채호 등의 북경파와 임시정부를 반대하는 연합전선을 형성하면서 심화되었다. 박용만 등은 1920년 9월에 북경에서 군사통일촉진회를 발족시키고, 이듬해 4월 17일에는 군사통일주비회를 결성했다. 이들은 노령 연해주와 북만주에 산재한 무장단체들의 통합운동을 추진하면서 외교 노선에 치중하는 상해임시정부와 임시의정원을 공격하였다. 주비회는 곧 명칭을 '군사통일회의'로 확정했는데, 여기에는 하와이 국민군·하와이 독립단·북간도 국민회·서간도 군정서·대한국민의회와 국내의 통일당 등 10개 단체 대표 17명이 참가했다. 군사통일회의는 상해임시정부와 임시의정원을 부인하고 국내에서 선포된 '대조선공화국 임시정부'('한성정부'를 지칭)를 계승한다는 명분 아래 새 정부 수립을 기도해 1923년 상해에서 국민대표회의가 개최되었을 때 이른바 창조파로 활동했다.

1921년 5월 6일에는 만주의 독립운동 단체들도 액목현額穆縣에서 회의를 열고 위임통치를 청원한 대통령 이승만의 퇴거와 임시정부의 개조를 주장하는 5개 항의 결의서를 채택하고 이것을 서간도 출신 의원으로 임시의정원 의장을 맡고 있던 윤기섭에게 전달했다. 액목현 회의의 결정은 참가자들이 여전히 임시정부의 존재를 인정하는 토대 위에서 위임통치 청원이라는 문제를 재론함으로써 임시정부의 혼란상에 대해 위임통치 청원의 당사자인 임시대통령 이승만에게 책임을 지우려는 것이었다.

한편 국민대표회의에서 안창호파와 이동휘가 이끄는 상해파 고려공산당 등 임시정부의 존재를 인정하는 세력들은 개조파 연합을 형성했다. 그러나 안창호파의 개조론과 상해파의 개조론은 엄연한 차이가 있었다. 특히 상해파 개조론의 원형은 1920년 이들이 임시정부에 참여할 당시의 '집행위원제'에서 비롯된 것으로, 이것은 국민대표회의 개최 단계에서 사회주의혁명 이행 과정의 민족통일전선의 형태로서 '민족혁명당론'으로 정립되었다. 민족혁명당이 포괄하는 계급의 범위에는 반민족 행위를 일삼는 양반·귀족과 대지주 등 일부를 제외한 조선 민중 대부분이 포함되었다.

북경 군사통일회의와 액목현회의의 요구가 수용되면서 상해에서는 1921년 5월 12일 안창호의 주도로 국민대표회의 기성회가 조직되었다. 이어 임시의정원에서 국민대표회의 소집안이 가결되고, 5월 30일에 「국민대표회의 주비위원회 선언서」가 발송되었다. 당초 국민대표회의는 9월 1일에 개최하기로 예정되었으나, 대표들의 도착이 지연되고 개최 자금 문제 등으로 연기를 거듭하다가 1922년 12월 27일에야 예비회의가 열렸고, 이듬해 1월 3일에 임시회의가 개최되었다.

지청천은 1922년 말에 서로군정서 시절의 선배 동지인 김동삼 일행과 전후하여 상해에 도착했다. 그의 상해 도착을 1922년 12월 23일자 『독립신문』은 다음과 같이 전하고 있다.

아我 군사계의 거성巨星이라 할 만한 ○○○[이청천] 씨의 일행과 서간도의 중진 인물 중의 일인으로서 통의부의 총장으로 피선되고 또 임시정부의 노동총판으로 추천되었던 김동삼 씨의 일행과 기타 제씨가 각각 선후하여 래도하였는데 각 대표의 성명은 좌와 같다더라.
고려혁명군특립연대 대표 이○○[청천](이하 생략)

국민대표회의는 1923년 2월 2일 김동삼이 개회를 선언하며 본회의에 들어갔다. 김동삼 의장, 안창호·윤해 부의장, 김병조 비서장, 김홍서·한진교·차리석 비서 등으로 의장단이 구성되었다.

첫째 날은 회의일정 초안이 보고되었다. 여기에는 각 지방 및 단체의 상황 보고, 시국 문제, 독립운동의 대 방침(군사·재정·외교·생계·교육·노동), 헌법, 기관 조직 등의 안건이 포함되었다. 지청천은 군사·재무·외교·생계·교육·노동 등 6개 전문분야의 위원을 선출한 2월 3일에 군사위원으로 선출되었다. 이외에 배천택(서간도 군정서)·신일헌(북간도 의군포대)·정신(북간도 독립군)·김동삼(서간도 군정서)·최기현(최준형, 고려혁명군대)·김철(서간도 영북지방) 등이 군사위원으로 선임되었다.

지청천은 4월 17일 한 달 가까운 휴회 끝에 재개된 회의에서 군사 실무와 전략전술을 바탕으로 김동삼 등 동료 군사위원들과 함께 「군사의안 보고」를 작성해 제출했다. 이 군사의안은 18일부터 토론에 들어가 23일에 세 번째 항목만 삭제되고 통과되었다.

- 병역 : 만 18세 이상 40세 이하의 남자는 병역에 복服할 의무를 가진

다. 단, 18세 이상의 여자와 40세 이상의 남자로서 지원자는 병역에 복하게 한다.
- 편성 군대는 정규군과 지방군의 이종으로 나누고 최고 단대團隊는 혼성 여단으로 한다. 각 군대와 기타 편의를 위해 각 군구마다 건제별建制別로 편성한다.
- 군사기관은 군무부와 참모부를 두고 장래의 실무를 고려하여 적당한 지방에 위치하며 중앙집권제 원칙 하에 수개 군구로 획정하여 지방기관을 설치한다.
- 교육은 적당한 지대에 육군무관학교를 설치하여 사관을 양성하고 외국에 유학생을 파견하여 군사상 각종의 기술을 학득學得케 한다.
- 군비는 총 수입액의 3분의 2로 한다. 단, 군대 자체로서는 군자금의 모집을 불허한다.
- 군사학 편부編部 : 군사학을 편찬·인쇄하여 각 군사기관에 배부한다.
- 현재하는 각지 군무기관의 처리 : 현재 각 처에 있는 군무기관은 일체 취소하고 장래에는 개인 혹은 단체로 군대를 사설함을 불허한다.
- 현재의 무장대와 해장대解裝隊의 처리는 장래 군사시설에 적합하도록 처리한다.
- 부항 : 이상의 원칙에 근거한 군사상 계획은 군사분과위원회에서 구체적으로 또 상세히 제정하여 군사 최고기관에 제공하여 이를 실시케 한다.

여기서 눈길을 끄는 것은 세입총액의 3분의 2를 군비로 한다는 규정이다. 널리 알려진 것처럼 이 시기 독립운동방략으로는 무장투쟁론·외교론·준비론(실력양성론) 등이 있었는데, 군비를 전체 수입의 3분의 2로 책정한다는 규정이 통과된 것은 무장투쟁론이 외교론과 준비론을 제치고 최우선의 독립운동방략으로 승인되었음을 뜻한다.

군대는 중앙군과 지방군으로 편성하되, 중앙집권의 원칙을 지키면서 각 군구의 편의에 따라 건제별建制別로 군대를 편성한다는 방침이었다. 또한 만주나 노령 등 적당한 지대에 무관학교를 세워 독립전쟁을 수행할 군사 인재를 양성하려고 했다. 아울러 군사 인재 양성을 위해 외국에 유학시켜 고도의 군사 전략과 전술을 습득하게 하며, 군사학 교재를 편찬하여 각 군사기관에 배포해 정규 군인으로서 자질을 향상하도록 했다. 그리고 정부의 중앙집권 원칙 하에 각지의 군무기관을 취소하고 군대의 시설을 불허하며, 현재의 무장대는 앞으로 건설될 군사시설에 부합하도록 처리한다는 방침이었다.

대규모의 독립전쟁을 효과적으로 수행하기 위해서는 고립·분산된 각 무장대를 통일해야 했다. 이와 같은 군사계획이 실효를 거두기 위해서는 각지에 산재한 무장단체의 지지와 성원이 절실했다. 따라서 구체적이고 실질적인 계획의 추진은 국민대표회의에서 수립될 군사 최고기관 명의로 '군사회의'를 소집하여 수행하는 것으로 했다.

지청천과 김동삼은 만주와 노령에서 독립군 간부를 양성하고 항일무장투쟁을 지휘해 본 노련한 경험자였다. 특히 이러한 강력한 독립군 건설을 위한 계획은 대한제국 육군무관학교와 일본 육군사관학교에서 수학하고, 서간도 신흥무관학교 교관·교성대장을 거쳐 노령에서 고려혁명군사관학교 교장까지 지낸 강대한 무장 독립군 양성의 '조련사'로 자타가 공인한 지청천의 원대한 구상이 담긴 것이었다.

그러나 국민대표회의는 순탄하게 진행되지 않았다. 특히 '시국문제'가 주요 의제로 떠오르면서 국민대표회의는 중대한 기로에 봉착했다. 시국문제란 국민대표회의 소집론이 제기되는 단계에서는 국민대표회의의 적법성 여부였고, 회의가 시작되면서부터는 상해임시정부의 존폐문제가 논의 대상이었다. 이것은 국민대표회의의 성공 여부를 결정할 정도로 중요한 것으로, 임시정부에 대한 개조파와 창조파의 입장 차이에서 빚어진 문제였다. 즉 임시정부의 '잘못된 것이 있으면 개조하자'는 개조론과 '과거 내외 각지의 대소 단체·기관은 다 무효로 하고 새로운 기관을 조직하자'는 창조론의 대립이었다.

이러한 상황은 지청천이 원했던 것과는 거리가 멀었다. 그는 만주로 망명한 이래 독립운동 진영의 통일과 대동단결을 줄기차게 주창해왔다. 뿐만 아니라 만주와 노령에서 혼신의 힘을 다해 항일무장단체의 모든 역량을 결집하기 위해 노력했다. 그렇기 때문에 만주·노령·북경·미주·국내 등 거의 모든 지역과 단체의 대표들이 모여 독립운동의 통일과 진로를 모색하는 국민대표회의에 거는 기대가 누구보다 컸다. 하지만 국민대표회의가 진행되는 과정을 통해 무능과 무기력이 드러나면서 상해임시정부는 국민대표회의에 참여한 많은 단체들로부터 집중적인 비판을 받았다.

국민대표회의에서는 지청천도 창조론으로 기울었다. 일제의 정보 보고에 따르면 본격적인 시국문제 토의를 앞두고 창조파의 핵심 세력인 대한국민의회의 문창범은 니콜리스크에서 군인구락부의 지청천 앞으로 1,000원을 송금하면서, "최후까지 주장을 관철해 달라"고 격려했다고 한다. 북경 군사통일회의도 국민대표회의가 열리고 있던 상해에 서왈보 등을 파견해 창조파의 활동을 적극 지원하라고 지시했다. 3월 3일의 회의에서는 이에 동조하는 코민테른 동양비서부장 보이틴스키의 축전이 낭독되어 창조파를 고무시켰다. 때문에 상해 현지에서는 개조파와 창조파가 '분쟁 끝에 살상을 볼지도 모르며, 어찌 될지 예측할 수 없다'는 소문이 돌 정도였다.

 그러나 국민대표회의에 임하는 지청천의 입장은 무장단체를 중심으로 전체 독립운동 진영의 대동단결을 모색하는 데에 있었다. 3월 21일 항일무장투쟁에 뜻을 같이하는 김세혁(김광서, 즉 김경천)·김중훈·김창환·배천택·신일헌·안무·임병극·채군선·채영·최준형·홍진우 등 11명의 군인동지회 회원들과 함께 발표한 긴급 제의에서 그는 "과거의 분립적 독립운동 기관과 임시정부 및 임시의정원의 금후 존재는 일체 불허하고 통일적 최고기관을 조직해야 하며, 이에 찬동하는 대표는 최후까지 통일적 기관의 구성을 위해 노력해야 한다"고 역설했다. 군인구락부는 국민대표회의에 참가한 군인들과 상해에 있는 군인 등 모두 12명으로 조직된 것으로, 설립 정신은 '불편불기不偏不寄하게 특립特立하여 실지적 운동에 주력하도록 국민대표회의의 여론을 환기하자'는 것이었다. 위의 긴급제의는 군인구락부 12명이 서명한 동일한 내용의 성명서로, 5월 3일 회의 종료가 임박한 시점에 회의에서 배포되었다. 아울러 이들은 다음과 같은 실행 조건을 내세웠다.

성명의 의견을 찬동하는 이는 우리들과 함께 국민대표회의를 진행할 것이며 차에 반대하는 이는 한갓 편견만 가지고 고집하여 분규를 주출做出하는 자로 인(정)하고 국민대표회의에 동석함을 불허하기로 한다. 우리들은 이로써 국민대표회의를 최후일각까지 적극 진행하기로 한다.

국민대표회의를 통해 결성된 군인구락부는 출신 지역과 노선이 동일하지는 않았다. 지청천을 비롯해 김세혁·임병극·최준형·홍진우·채영 등은 노령, 김중훈·신일헌·안무 등은 북간도, 김창환·배천택·채군선 등은 서간도였다. 이 가운데 노령과 북간도 대표 9명은 창조파였고, 서간도 대표 3명은 개조파였다. 군인구락부가 위와 같은 성명을 발표한 것은 개조파와 임시의정원 간에 협의가 무산되어가자 개조파가 자신들의 주장대로 회의가 진행되지 않으면 탈퇴하자는 계획을 세웠기 때문이라고 한다.

한편 군인구락부 회원 중 노령에서 온 최준형은 연해주에서 일본군이 철병한 뒤 우리 군대가 징병제를 실시하고 민간에서 군향軍餉을 거두어 무장투쟁을 준비하고 있으므로 국민대표회의는 이러한 좋은 기회를 이용할 적극적인 방침을 정할 것을 요구했다. 임병극도 모든 기존 단체를 부인하고 항일무장투쟁을 목적으로 한 최고기관을 만들자고 주장했다.

국민위원회의 코민테른 고려국 협상대표

이처럼 시국문제를 두고 창조파와 개조

파의 대립이 계속되는 가운데 1923년 5월 15일 의장 김동삼, 서기 배천택, 헌법기초위원 이진산·김형식 등은 자신들이 소속된 서로군정서 및 한족회에서 보낸 대표소환 통고서를 제출하고 사임을 청했다. 이에 국민대표회의는 이들의 대표자격 상실을 인정하고 부의장 윤해를 의장에, 부의장 후보 신숙을 부의장에, 비서 오창환을 비서장에 각각 보궐하여 본회의를 진행하는 주요 직책을 창조파가 장악했다. 그러자 이튿날에 이에 반발한 개조파 57명이 집단 탈퇴함으로써 국민대표회의는 사실상 결렬되었다. 이후에도 창조파와 임시정부의 비공식 접촉, 창조파와 개조파 및 임시정부 간 이른바 '삼방三方'의 비공식 간담회가 계속되었으나 아무런 성과 없이 끝나자 1923년 6월 7일 창조파는 자신들의 세력만으로 마지막 국민대표회의를 열었다. 끝까지 남은 39명의 창조파 대표들은 새로 제정한 헌법을 통과시키고 지청천을 포함한 국민위원 33명, 국무위원 4명, 고문 31명으로 구성된 국민위원회 정부를 조직하고 6개월에 걸친 국민대표회의를 폐막했다.

그러나 지청천은 마지막 회의가 있었던 6월 7일에 국민대표회의에서 탈퇴했다. 그는 뜻을 함께 하는 동료 대표 8명과 함께 "통일이 못 되는 이 회의에는 더 참석치 아니하겠다"고 주장하고 국민위원도 사임하겠다는 뜻을 밝혔다. 누구보다도 독립운동 진영의 통일을 강하게 주장해왔기 때문이다.

이러한 상황에서 창조파는 장래 민족독립운동의 통일을 도모하고 군사활동에 주력할 것을 약속하면서 지청천 등에 대한 설득에 나섰다. 그리하여 무장 항일의 뜻을 같이하고 일본에서 동반 망명했던 지청천과 김광서를 군사운동의 책임자로 정해 장래의 항일무장투쟁을 도모하고자 했다. 당시 노령에 머무르던 김광서는 상해 국민대표회의에 참가했다가 다시 블라디보스토크로 가서 구로시코 부근에 무관학교를 설립하려고 활동하던 중이었다.

> 국민대표회의는 …… 군무위원은 우리 혁명운동에 가장 중대한 책임이라 하여 고려중이며 방침은 아령俄領 군인 김경천(김광서)·이청천 씨가 중임으로 군사행동에 힘쓸 터이라더라.

지청천은 통일되지 못한 국민대표회의 결과에 대해 비판적이었으나 대세가 결렬에 이르자 하는 수 없이 무장투쟁의 기반이 있는 노령 방면으로 이동하기로 했다. 그가 어려운 결심을 하게 된 배경에는 동지 김광서와 함께 활동하는 것에 대한 기대도 한 몫 했을 것으로 보인다.

당시 창조파는 노령으로 이동할 것을 결정하고 오창환을 노령에 파견해 코민테른 기관에 의사를 타진하여 블라디보스토크 소재 코민테른 고려국의 초청을 받았다. 동시에 코민테른의 지지 속에 고려국은 국민위원회에 대해 적극적으로 접근했다. 1923년 9월 20일 고려총국 회의에서는 국민위원회에 대한 구체적인 입장을 정하는 문제가 의제로 올라왔다. 이에 '국민대표회의에서 실제적 민족혁명당 조직에 근접했다는 면에서 단일민족전선 전술은 올바르다고 평가하면서, 조선 국내외에서 노동자·농민의 경제적 요구에 기초한 강령에 기초하여 단일민족혁명당 조직운동을 강화할 것과 그것을 국민위원회와 상호 동의 아래 민족혁명당의 기초적 상황 조성에 착수'하기로 결정했다. 국민위원회가 코민테른 기관으로부터 국내외 한국 민족혁명단체를 아우르는 단일한 민족혁명당 조직의 주체로 인정받는 순간이었다. 국민위원회도 1923년 9월 고려국과 교섭하기 위한 위원으로 김규식·신숙·지청천·윤해·원세훈을 선임했다.

그러나 고려국은 곧 기존의 결정을 번복하여 민족혁명당의 중심을 국민위원회를 통해 추진하기로 한 내용을 재검토하기로 결정했다. 고려국 안팎에서 국민대표회의에 참가했던 창조파에 의해 설립된 국민위원회 역시 상해임시정부와 마찬가지로 정부 형태의 조직이라는 문제 제기가 있었기 때문이다.

이러한 상황에서 지청천은 자신이 속한 국민위원회 조직을 위기에서 구출해야 하는 인물로 부상했다. 1923년 9월 24일 그는 국민위원회를 대표해 김규식과 공동으로 작성하고 고려국 의장 파인버그에게 제출한 비망록에서 먼저 '고려국과 국민위원회는 조선혁명운동에 대한 주요한 원칙과 정책에 관해서 일치한다'고 전제했다. 그러면서 고려국이 국민위원회가 기존 국가와 성격과 형태상 같은 정부라고 생각하고 있는데, 국민위원회는 당적 노선에 따라 실제적 사업을 수행하도록 고안된 것이라고 하면서 다음과 같이 적극적으로 해명했다.

지청천 등은 우선 국민대표회의에서 상해임시정부의 개조를 주장하는 42명의 대표가 탈퇴했지만 그들은 3분의 1의 소수이고, 국민위원회는 57개 국내외 지역과 단체를 대표하는 잔류한 60명(무단 결석자는 제외)의 다수 대표의 결정으로 구성된 사실상 법률상의 힘과 권위를 갖는 독립운동의 지도기관으로 창건되었음을 강조했다.

헌법은 기성국가의 만년대전萬年大典과 같은 형식적 몽상을 이離하여 오직 일반 독립운동자의 준수할 공약을 규정하였을 뿐이오 기관은 정부이니 국회이니 하여 기성국가의 3권 분립을 모방하지 안이하고 다만 실제운동에 적합한 혁명간부를 조성하였을 뿐이라.

지청천 등은 선포문을 통하여 이처럼 명시하고 국민대표회의에서 제정된 총 18조로 이루어진 헌법은 정부라고 주창하거나 내세우는 것이 아니며, 조선독립운동을 조직·지도·수행하기 위한 30~50명으로 구성된 국민위원회를 조직하기 위한 것이라고 밝혔다. 그리고 국민위원회는 조직사업과 실제 수행이 당 방침과 원칙에 따라 운영되는 당적 조직이라고 주장했다.

이어 일제로부터 해방을 추구하는 모든 혁명가들은 국민위원회를 독립운동의 실질적인 지도기구로 자임했으며, 국민위원회와 고려국 사이에서 진행되는 협의가 이루어져 민족주의자와 공산주의자가 공동전선을 형성해 조선의 독립과 피압박 민중의 해방이라는 민족혁명으로 나아가야 하기 때문에, 국민위원회의 명칭 변경이라는 문제로 방해받지 말아야 한다고 강조했다.

결론적으로 지청천과 김규식은 국민위원회의 명칭 변경은 절대 불가능하다고 주장하였다. 왜냐하면 그것은 국민대표회의에 의해 창건된 것을 무효로 만들고 폐기함으로써 그 권위를 무시하는 것이기 때문이다.

따라서 국민위원회는 국민대표회의에서 창건되었기 때문에 자신의 명칭을 변경·폐기할 권한이 없지만, 향후 개최될 국민위원회 총회나 국민대표회의에서 명칭문제를 포함한 임시 변경안이 정식으로 다루어질 수 있다는 유보조항을 제시했다. 이에 근거해서 이들은 당 노선에 따라 전체 사업을 조직·지도하고 코민테른에 의해 만들어진 민족운동의 계획과 정책에 일치하는 사업계획을 추진할 것을 요구했다.

그럼에도 불구하고 지청천 등은 헌법의 몇 가지 문구와 조항에 정부라는 의미를 갖는 내용이 들어있다고 자인하지 않을 수 없었다. 그 이유는 국내외 조건들이 독립운동을 지도·완수하는 지도기관은 정부여야 한다는 시각을 갖고 있고, 상해임시정부 개조를 치열하게 요구하는 사람들이 존재하는 배경 속에서 국민위원회가 탄생했기 때문이라고 해명했다.

노령으로 들어간 국민위원회는 김규식을 대표로 하여 고려총국의 의장이며 블라디보스토크 주재 코민테른 동양부 대표인 파인버그를 비롯해 이동휘·한명세 등과 협상에 착수했다. 파인버그는 시종일관 통일된 '한국민족혁명당'의 필요성을 역설하였다. 국민위원회 대표단은 자신들의 조직을 정당의 형태로 변경하는 데에는 동의했으나, '국민위원회' 명칭을 바꾸는 데는 결연히 반대했다.

그러나 협상 결과 국민위원회 대표단은 코민테른 고려총국과 「한국독립당의 정강 및 프로그램」이라는 문서를 채택하기로 합의했다. 이 문서에 따르면 양측은 조선의 혁명운동을 이끌어 나갈 민족통일전선이 필요하다는데 인식을 함께 하고, 혁명당의 명칭은 '한국독립당'으로 결정했다.

　지청천은 김규식·원세훈·신숙·윤해와 함께 국민위원회 대표단으로 활동했다. 1923년 10월 10일 협상이 타결되는 자리에는 이들 5명과 함께 고려총국 쪽에서 파인버그·이동휘·김만겸이 참석하였다.

　그러나 쌍방의 합의에 의한 한국독립당 건설은 추진되지 못했다. 무엇보다도 노령 연해주 한인사회의 여론이 국민위원회에 매우 비판적이었다. 러시아공산당 연해주당 고려부 기관지 『선봉』은 국민위원회를 민족통일전선을 분열시킨 분파주의자로 비난하면서 코민데른 고려총국에 대해 그와 협력해서는 안 된다고 주장했다. 『선봉』은 국민위원회를 중심으로 하는 통일전선정책이 조선혁명운동을 혼란에 빠뜨릴 위험한 정책이라고 판단하였다. 그들은 창조파와 국민위원회만을 제휴 대상자로 한정하는 데 반대했다. 민족주의 세력 가운데 일부만을 상대로 민족통일전선을 결성하면 조선 혁명운동 내부에 거대한 분열이 야기되리라는 우려에서였다. 그보다 이들은 대중적 지지 기반을 갖는 민족통일전선 기관을 조직해야 한다고 주장했다. 어쨌든 『선봉』의 공격으로 격화된 논란은 코민테른 산하기관과 러시아공산당 지방부 간의 싸움으로 확대되었다.

　지청천은 고려총국의 초청으로 국민위원회 대표들과 블라디보스토크에 머무는 동안에도 나름의 독자적인 활동을 계속했다. 1923년 9월 초 그는 인근의 북만주 소수분 근처의 토성자에서 개최된 독립단체 대표회의에 참석하였다. 이 회의에는 문창범·길록산·이범윤·이동휘·최명록·김좌진·김규식·현천묵·조성환 등도 참석했다. 이 회의는 국민대표회의가 결렬된 후 만주·노령지역에서 민족독립운동의 방향을 설정하기 위해 개최되었던 것으로 보인다. 이들은 만주와 노령에 산재한 각 무장단체들을 통일하기 위한 방침을 결정하고 이를 위해 노력하기로 했다. 이에 따라 각 독립단체 대표 명의로 연명, 발의하여 각 무장단체에 서한을 보내 군사단체의 통일을 위해 노력하였다. 지청천은 또한 러시아 영내에서 항일무장단체의 재편·강화를 위해 노력했다. 일제 관헌의 보고에 따르면 지청천은 '러시아공산당 대표와 계약을 맺어 공산당으로부터 6개월의 식품과 무기를 지급받고 재차 연해주에서 선인 무장단의 편성에 착수'했다고 한다.

이 무렵 일본군이 시베리아에서 철병을 단행하면서 조성된 소련과 일본의 협상이라는 정세 변화도 국민위원회의 진로에 영향을 끼쳤다. 소련은 일본과 협상 국면에서 한인의 새 정부를 소련령에 허용할 경우 일본이 군사적 도발을 다시 할지도 모른다고 우려했기 때문에 한인의 독립운동을 적극 지원할 형편이 아니었다. 결국 국민위원회는 소련에서 추방되어 주요 인사들이 북경으로 돌아오면서 새로운 활로를 모색해야 했다.

다만 1924년 6월 7일 국민위원회가 입안하여 코민테른 고려국과 합의한 「한국독립당 조직안」이 북경에서 공표된 것은 주목할 만하다. 이에 따르면 조선의 민족운동은 '통일된 혁명적 전선'과 '유일한 민족적 혁명당'을 조성해야 한다는 것이다. 국내 일부에서 주장하던 타협주의와 상해임시정부의 외교중심 운동노선을 강하게 배격하는 내용도 포함되었다. 또한 한국독립당 조직은 각 단체와 지역의 실정에 맞게 유연하게 조성해 나가도록 결정되었다. 3일 뒤 국민위원회는 포고 제1호로써 '한국독립당'을 중심으로 단합할 것을 호소했다. 새로운 임시정부를 세우는 것이 사실상 불가능해진 속에서 창조파가 방향을 전환해 독립운동의 최고 영도기관으로 한국독립당을 설립할 것을 촉구한 것이다. 이것은 1920년대 중반 이후 만주를 중심으로 국내와 노령으로 확산되는 독립운동 진영의 민족유일당운동의 출발을 알리는 것이었다.

블라디보스토크에서 국민위원회가 해산된 뒤, 지청천은 1924년 3월 2일 김광서·채영·최준형 등과 함께 군인구락부를 재조직했다. 이들은 3월 8일 「군인구락부 선포문」을 통하여 성명을 발표했다.

> 우리 부원部員이 국민위원회에 다수 참가하여 우리들의 주장과 강령의 관철을 바랐지만 …… 노령으로 온 이후 내외 민중의 여론과 우리들의 새로운 각오로써 국민위원회로는 도저히 고려혁명의 협동작전을 바랄 수 없어 …… 부部의 결의로 국민위원회로부터 사퇴를 세상에 성명했는데 이는 일부의 파괴 또는 일부의 옹호를 위한 것이 아니고 고려 유일의 통일전선이 급진적으로 완성할 것을 기대하는 성의에서 나온 것이다.

국민위원회를 통한 민족통일전선 결성이 불가능해진 상황에서 국민위원회와 결별을 선언하고 독자적으로 항일 무장투쟁을 전개한다는 방침을 밝힌 것이다.

이에 따라 지청천은 다시 남만주로 향했다. 목적은 그곳에서 군사 분야의 대동단결 실현을 통해 '한국독립당'의 이상을 구현하기 위해서였다.

정의부 군사위원장

1920년 말 일본군의 대 공세를 맞아 만주지역 대부분의 한인 독립군은 역량을 보존하기 위해 북만주 지방과 러시아로 이동했고, 이듬해 4월경 일본군의 잔여부대가 간도 일대에서 철수하자 다시 만주로 돌아와 남만주 지방에 정착했다. 이에 따라 재만 한인 민족주의 운동의 주된 거점은 간도 일대를 중심으로 한 동만주 일대에서 남만주와 북만주 지방으로 옮겨졌고, 동만주 지방의 한인사회는 한동안 지도력에 공백이 생겼다.

남만주에서는 1922년 1월 각 독립군단 대표들이 상호연락을 통해 의사를 합일시킨 뒤 '남만통일회'를 결성하고 이를 지원하고자 23명으로 구성된 후원회를 조직했다. 이들은 서로군정서를 비롯해 대한독립단·광한단 등의 대표였으며, 여러 차례 통일회의를 가진 후 대한통군부大韓統軍府를 결성했다. 같은 해 6월 3일 대한통군부는 중앙위원회를 개최하고 더욱 확대된 통합군단을 결성하기로 결의했다. 이에 따라 1922년 8월 23일 통군부에 가입되어 있던 서로군정서와 대한독립단, 그리고 관전동로한교민단寬甸東路韓僑民團·대한광복군영·대한정의군영·대한광복군총영·평안북도독판부 등의 대표 71명이 환인현 마권자에 모여 '남만한족통일회의'를 개최하고 김동삼을 총장으로 하는 대한통의부를 결성했다.

출범한 지 얼마 되지 않아 대한통의부는 공화주의 세력과 복벽주의 세력 간의 이념 갈등과 군권 다툼으로 위기를 맞았다. 위기는 통의부 성립에 크게 기여한 전덕원과 양기탁의 불화로 표면화되었다. 전

| 양기탁

| 대한통의부 독립군의 군사훈련

덕원은 평북 용천에서 의병을 일으켰던 복벽주의자였고, 양기탁은 한말 국내에서 애국계몽운동을 주도했던 공화주의자였다. 통의부 성립 초기부터 두 지도자 사이에 반목의 요소가 잠재되어 있던 차에, 대한통의부의 여러 요직이 공화주의 계열 인사들에게 돌아가고 전덕원은 명목상의 권한밖에 없는 검무국장이라는 직책이 주어진 것이 문제의 발단이었다. 쌍방의 갈등은 1922년 10월 14일 관전현, 이듬해 1월 홍묘자에서의 유혈사태를 계기로 적대관계로 돌아섰고, 전덕원을 비롯한 복벽주의 세력은 1923년 2월 대한통의부에서 분립해 대한의군부를 조직했다.

지청천이 노령에서 나와 남만주로 이동한 시기는 바로 통의부로 통합되었던 남만주 무장단체의 단결이 의군부의 출현으로 분열을 맞이할 무렵이었다. 그는 김승빈과 채영을 대동하고 러시아 국경을 넘어 만주로 이동했다. 이 상황을 『시대일보』 1924년 5월 21일자 기사는 다음과 같이 전하고 있다.

> **이청천 일파의 신 활동, 노군 관헌과 교섭 후 남만 통의부로 향해**
> 노령 연해주에서 조선 독립을 위하여 사관 양성에 전심전력하던 이청천 씨는 재래 활동에 대하여 해삼위 노국 관헌과 여러 가지 교섭이 있던 바, 무슨 뜻을 얻었는지 동지 채영·김승빈 양씨를 동대하고 중령으로 넘어왔다는데 채영·김승빈 씨는 중동中東 연선沿線에 두고 이씨는 길림을 경유하여 남만 통의부로 향하여 갔다고 한다.

새로운 활동지로 지청천이 남만주를 선택한 것은 대한통의부에 그와 뜻을 같이했던 김동삼·김창환·신팔균 등이 있었던 것이 하나의 이유였다. 그는 통의부 지도부에 합류하는 대신 김동삼·양기탁과 함께 '고문'으로서 종래의 국지전에서 대대적인 장기 항일전으로 전환할 계획을 세우는 데 주력하면서 무관학교 설립, 결사대 조직, 무기 구입 등을 추진해 통의부의 무장력 강화를 도왔다.

그가 대한통의부 지도부에 들어가지 않은 것은 악화될 대로 악화된 건강 때문이기도 했다. 사실 그는 일본에서 장교 복무 중 국내를 거쳐 만주로 탈출하기 위해 일부러 건강을 해친 데다 요양할 겨를도 없이 신

| 광복군 총영·정의부 등 서간도 지역 독립군단의 근거지였던 관전현 태평촌

흥무관학교 교관과 서로군정서 사령관으로 활약했다. 또한 노령에서는 고려혁명군사관학교를 맡아 독립군 간부 양성에 주력하다가 민족주의 사상을 견지했다는 이유로 투옥되어 모진 고문을 받는 등 거의 빈사상태에서 상해 국민대표회의까지 참가해 그의 건강은 사경에 이를 정도로 악화되어 있었다. 때문에 그는 동지들의 정성어린 도움을 받으며 악화된 건강을 추슬렀다.

대한의군부의 분립 등으로 남만주 독립운동세력이 분열을 거듭하자 통의부 인사들은 이념과 노선이 합일된 진정한 통합기관의 출현을 갈망했다. 이러한 분위기가 더욱 높아진 데는 북경의 국민위원회 측이 발표한 「한국독립당 조직안」도 영향을 미쳤다. 통의부 고문 양기탁은 1924년 초 길림에서 신숙·윤해 등을 만나 재만 각 단체 통일에 관해 협의하는 등 보다 큰 통합을 위한 물밑 작업에 박차를 가했다.

마침내 1924년 3월 전만통일회의 주비회가 조직되었다. 여기에는 양기탁을 비롯해 지청천·이장녕 등이 주도적으로 참여했다. 이 주비회는 회의를 거듭한 끝에 동년 7월 10일 주비발기회를 개최하고 10월 18일에는 본회의를 열었다. 서로군정서·길림주민회·대한광정단·대한독립단·통의부·노동친목회·의성단·잡륜자치회·고본계·학우회 등 10개 단체가 참가했다가 대한독립단과 학우회는 중도에 탈퇴했다.

이러한 과정을 거쳐 1924년 11월 24일 전만통일회가 개최되고 새로운 통합 독립운동 단체로 정의부正義府가 출범했다. 여기서 대표자들은 다음과 같은 내용을 의결, 발표하였다.

① 명칭은 정의부로 한다. ② 헌장을 제정하여 공포한다. ③ 창립 기념일은 1924년 11월 24일로 한다. ④ 연호는 기원 연호를 사용한다. ⑤ 회계용 화폐는 봉소양奉小洋을 표준으로 한다. ⑥ 매년 예산안을 편성하여 예산을 집행한다. ⑦ 정의부의 운영을 위한 모연募捐은 폐지한다. ⑧ 공농제公農制를 실시한다.

이에 따라 정의부는 입법·사법·행정의 3권 분립체제를 갖춘 중앙조직을 설치하고 북만주의 하얼빈 남쪽 40개 현에 거주하는 한인들을 기

| 육군 주만 참의부 독립군들

반으로 자치행정을 실시하는 한편, 무장 독립군으로 의용군을 편성했다.

지청천은 정의부 창립을 위한 본회의에서 이탁·오동진·현정경·김이대·윤덕보·김용대·이진산·김형식 등과 함께 중앙행정위원으로 선임되었다. 1925년 3월 중앙위원제로 조직이 개편되자 군사위원장과 함께 중앙사판소 소장을 맡았다.

이 무렵 북만주에서는 1925년 3월에 '대동단결'을 기치로 김혁·김좌진·조성환·최호 등이 중심이 되어 신민부新民府를 결성했고, 남만주에서도 통의부에서 탈퇴했던 백광운·박응백·김소하(장기초) 등의 노력에 의해 참의부參議府가 결성되었다. 바야흐로 한민족의 고토인 드넓은 만주벌에 '삼부三府시대'가 도래한 것이다.

한편 정의부는 결성 당시 「선언」을 발표하고 자치를 표방했다. 이것은 남만주 압록강 대안의 참의부나 북만주 신민부와 달리 무장투쟁 일변도의 군사활동에만 치중하지 않고 관할구역 한인들이 정치와 경제 활동에 안정을 찾을 수 있도록 힘쓰겠다는 것으로, 정의부가 장기적인 관점에서 항일무장투쟁의 기반이 되는 재만 한인사회의 정치·경제적 안정을 통해 독립전쟁 역량을 강화하려는 의도로 풀이된다.

정의부는 만주 중앙을 차지한 준 정부적인 조직이었다. 관할 호수만 해도 1만 5천여 가구, 10만여 명에 달하는 조선인에 대해 자치와 행정을 수행하고 치안을 유지하며 식산흥업과 교육·문화 진흥을 위한 활동을 펼쳤다. 3부 가운데 정의부의 세력이 가장 강대했음은 다음의 일제 정보 당국의 관찰에 의해서도 분명하게 나타난다.

1927년 초에는 참의부(압록강 상류 지방)·정의부(남·북만주 일대)·신민부(북만 동부선 지방)의 3단체가 되었다. 이 가운데 정의부는 최고로 광범위한 통치구역을 점하고 재만 민족주의 조선인의 지도권을 지니고 있다. 참의부의 세력이 다음이고, 신민부는 최고로 빈약하다.

이러한 토대 위에 지청천은 정의부의 군사위원장 겸 의용군 총사령관으로 취임해 종래의 무장력을 강화하기 위해 노력했다. 본래 정의부의 무장력은 전신인 대한통의부의 무장력을 기초로 출발하였다. 그는 항일

무장단체의 대동단결을 통해 탄생한 정의부에서 대한통의부의 행정을 인계할 때 김이대와 함께 위원으로 선임되어 무장력을 접수했다. 그는 원칙적으로 각 군의 현직 장교를 대한통의부 현직 인원으로 유임시키기로 결정하였다. 이는 동요를 방지하고 화합을 도모하기 위한 조치였다. 총사령관 지청천은 1925년 초 대한통의부 무력을 근간으로 다음과 같이 의용군을 편성했다.

군사위원장 겸 총사령관 : 지청천
참모장 : 김동삼
부관 : 정이형·조송림·김기해
연락장교 : 이재근, 경리 이성근
제4중대 : 중대장 홍기주
제5중대(흥경현 왕청문) : 중대장 안홍, 제1소대장 양세봉, 제2소대장 김기선, 제3소대장 김신
제6중대(관전현 하류하) : 중대장 문학빈, 제1소대장 정이형, 제2소대장 이성근, 제3소대장 김창호
제7중대(유하현 이도구) : 중대장 이규성, 제1소대장 현용환, 제2소대장 이원식, 제3소대장 이근기
제8중대(관전현 모류향자) : 중대장 김창용, 제1소대장 김석섭, 제2소대장 주하범, 제3소대장 장철호
헌병대(유하현 삼원보) : 헌병대장 김창헌
중앙군사부 별동대 : 별동대장 김광진, 별동소대장 최관용

나아가 지청천을 비롯한 정의부 지도부는 1926년 1월 현재 5개 중대로 구성된 의용군을 지속적으로 확대·강화하기 위해 노력하였다. 그리하여 1926년 2월 14일 정의부는 중앙총회를 열어 관할지역 각지에 의용군을 모집하기 위해 전담위원을 파견하기로 의결했다. 임규춘(환인현)·홍기진(통화현)·강제하(관전현)·최문호(집안현)·오제동(무송현)·강석인(안도현)·황종훈(임강현)·채영호(장백현) 등이 의용군 모집 전담위원으로 파견되었다. 이러한 모병활동은 정규 군사력의 확충뿐만 아니라 군사인재 양성계획과 밀접한 관계가 있었다. 지청천의 독립운동방략은 무장투쟁론이었고, 소규모 유격전보다는 대대적인 정규전을 통한 조국독립을 실현하는 데 있었다.

3부 가운데 만주의 광대한 지역을 가장 오랫동안 관할하며 사실상의 통치를 수행한 것은 정의부였다. 이러한 자신감을 바탕으로 정의부는 관할지역에 대해 민정 위주의 활동을 펼치는 한편 다른 독립운동 세력과 연대를 적극 모색했다. 정의부 성립 당시 독립운동 진영의 대표성을 부정했던 대한민국임시정부와 관계 재정립, 참의부·신민부와 통일적인 항일전선 구축 노력이 그것이다. 이 과정에서 지청천은 정의부 군사위원장으로서 적극적으로 활동했다.

불편했던 정의부와 상해임시정부의 관계는 1925년 5월 임시정부 내무총장 이유필과 법무총장 오영선이 만주에 파견되면서 새로운 국면을 맞이했다. 두 사람의 파견은 국민대표회의가 결렬된 뒤 침체된 임시정부의 활로를 찾기 위한 하나의 방편이었다. 두 밀사는 정의부와 신민부 간부를 함께 초청해 향후 한국 독립운동의 진로를 협의한 후, 반목하던

| 정의부 통신 연락소가 있었던 곳(관전현 모전자향)

    과거의 폐단을 버리고 대동단결의 기치 아래 정의부와 신민부가 임시정부를 중심으로 협력하기로 합의했다. 이어 임시정부의 두 밀사와 정의부·신민부 대표들은 합의 내용을 격문으로 만들어 반포하였다. 격문의 내용은 두 단체가 임시정부의 기치 하에 통합에 합의했으니 국내외의 모든 동포는 합심하여 격려하고 지원해 달라는 것이었다.

    그런데 이유필과 오영선은 신민부와 함께한 공개된 합의 외에 정의부에 별도로 이면의 조건을 제시했다. 그것의 주된 내용은 임시정부의 최고 책임자는 정의부에서 추천하는 인사를 임명하고, 각료의 반수 이상은 정의부 인사로 임명한다는 것이었다. 정의부 대표들은 이면 조건을 일단 받아들였다. 그리고 이 문제를 중앙행정위원회에서 논의한 뒤 중앙의회에 상정했다.

중앙의회는 1925년 7월 15일 제1회 회의를 열어 상해임시정부와 타협은 하되, 임시정부를 만주로 옮겨 이를 정의부가 주도하고 재만 독립군이 중심이 되는 최고기관을 만들어야 한다고 의결했다. 중앙의회의 결정에 따라 지청천이 타협위원으로 선임되어 그 해 8월 하순 북만주에 있는 신민부 본부에서 본격적인 협상에 착수했다. 또한 임시정부를 만주로 이전하는 선결문제를 처리한다는 입장에서 김이대·백남준·고활신 3인을 정의부 측 임시의정원 의원으로 선정하여 파견하도록 하고, 승진과 현익철 두 사람을 의원 후보로 지명했다.

상해임시정부를 만주로 이전한 후 만주지역의 모든 독립군 세력을 규합하여 무장투쟁 위주의 새로운 임시정부를 만든다는 정의부 중앙의회의 결의는 상해 국민대표회의 이래 지청천이 구상해 오던 방침과 동일한 것이었다. 지청천은 성인호·최관용 두 사람을 대동하고 1925년 8월 중순 정의부 본부를 출발해 길장선을 경유하여 9월 5일 하얼빈에 도착했다. 하얼빈에서 지청천은 신민부의 근거지를 파악하고 있는 마덕창을 만나 그의 안내로 오길밀 부근의 소량자에 있는 신민부 본부에 도착했다. 지청천과 회담한 신민부 대표는 중앙집행위원장 김혁과 연락부 위원장 정신을 포함한 7~8명의 핵심 간부였다. 여러 날을 충분히 의논한 끝에 양측 대표들은 다음과 같은 6개 항에 합의했다.

정의부 독립군들의 활동을 보도한 기사

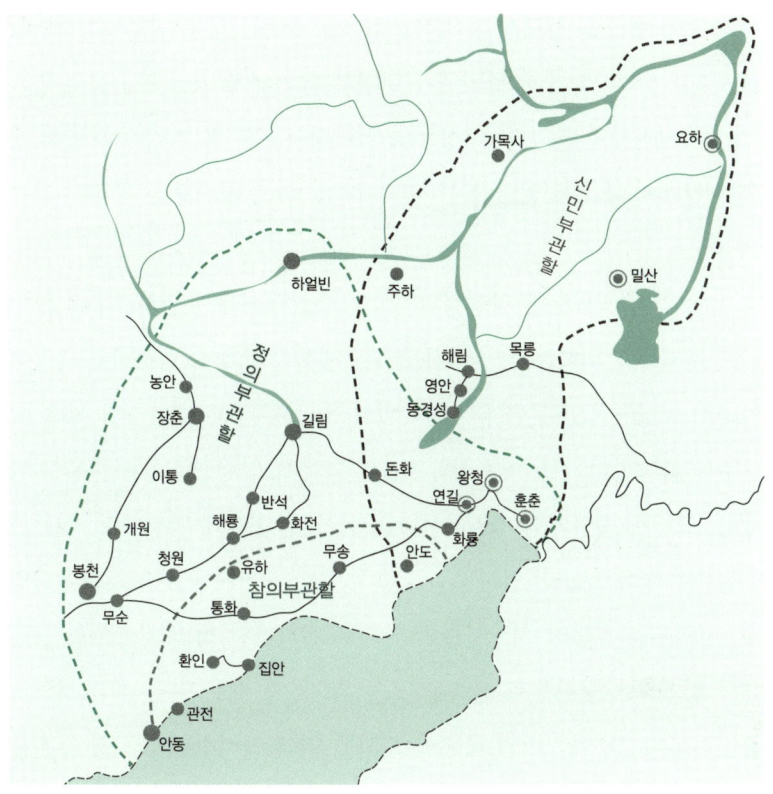

| 참의부 · 정의부 · 신민부 관할도

① 군사상의 통일

② 재정상의 통일

③ 임시정부의 봉대

④ 정의부 및 신민부 세력구역 내에서 쌍방이 모연(募捐)할 것

⑤ 양 구역 내에서는 임의적인 모연을 막을 것

⑥ 재만 각 지역에 있는 작은 단체는 진압하여 타파할 것

중요한 협상을 성사시킨 지청천은 9월 24일 정의부 본부로 돌아왔다. 그러나 안타깝게도 정의부와 신민부 사이에 맺어진 6개 항의 합의 사항은 지켜지지 않았다. 이상룡의 임시정부 국무령 취임과 관련해 정의부 안에서 내분이 일어나 합의를 이행할 여지와 명분을 잃었기 때문이다.

이에 앞서 정의부 중앙행정위원회는 중앙의회에서 임시정부의 만주 이전 문제를 논의하는 동안 이유필과 오영선이 요청한 임시정부 최고책임자로 이상룡을 국무령에 추천하였고, 이상룡은 1925년 8월 하순 남만주를 출발하여 9월 하순 상해의 삼일당에서 임시정부 국무령에 취임했다. 그러나 중앙의회 의원들은 이러한 상황 전개에 당황했다. 이들은 이상룡이 상해로 가면 임시정부의 만주 이전은 어려울 것으로 판단하였다. 정의부의 유능한 지도자들이 상해로 건너가면 정의부는 세력이 약해진 일개 독립군단으로 전락할 것을 우려했기 때문이다. 결국 정의부 중앙의회는 1925년 12월 하순에 회의를 열어 임시정부 국무령 추천을 주도한 중앙행정위원 전원을 불신임하기로 결의하고, 중앙행정위원회도 이에 맞서 중앙의회의 해산을 명령하는 등 분란에 휩싸였다.

정의부 분란의 여파는 신민부에도 영향을 미쳤다. 임시정부 국무령 이상룡은 남·북만주의 유력인사들을 중심으로 신임 내각 구성을 시도하면서 김좌진·현천묵·조성환 등 신민부 인사를 포함시켰으나 이들도 국무위원 취임을 거부했던 것이다. 따라서 상해로 간 이상룡은 재만 독립운동 단체의 비협조와 상해 측 인사들 내부의 알력에 휘말려 각료 인선조차 제대로 할 수 없었고, 결국 1926년 2월 17일 국무령을 사임하고 남만주로 돌아오고 말았다.

한편 이 무렵 항일무장투쟁 세력의 군사활동은 이른바 삼시협약三矢協約 때문에 많은 제약이 따랐다. 만주에서 강성해지고 있는 독립운동을 탄압하기 위해 1925년 6월 11일 조선총독부 경무국장 미쓰야 미야마쓰三矢宮松는 만주로 건너와 봉천성 경무처장 우진于珍과 다음과 같은 내용이 포함된 협정을 체결했다.

- 무기를 휴대한 조선인이 조선 내에 입경하는 것을 금하고, 위반자는 중국 측에서 체포하여 조선 측(일제 측)에 인도할 것
- 불령단체의 해산 및 무기 몰수
- 조선 측(일제 측)이 지명하는 불령 수괴를 체포하여 인도할 것

이를 위해 일제는 현상금으로 유혹하면서 중국 당국과 한국 독립운동 진영을 이간질하는 것도 서슴지 않았다.

삼시협정은 지청천 개인에게도 항일무장투쟁 지도자로서 활동을 제약했다. 일제는 중국 당국과 삼시협정을 체결하여 만주의 한국 독립운동을 방해하기 위해 온갖 책동을 다했다. 그럼에도 불구하고 독립운동이 진정될 기미를 보이지 않자 일제는 중국 당국에 압력을 가해 한국 독립운동 진영에 대해 지청천의 퇴거를 포함한 강력한 단속을 요구하였다. 이에 중국 관헌은 일제의 협박에 굴복해 정의부 측에 압력을 행사했다. 중국 당국에서 지청천이 정의부 군사활동의 책임자로 있는 데 대해 항의를 하고, 일본 육군사관학교를 졸업한 사람은 중국 영토 안에서 활

동할 수 없다고 정의부 측에 압력을 가해온 것이다.

이에 정의부 지도자들은 지청천에게 일제와 중국 당국의 이목도 피할 겸 잠시 활동을 접고 쉴 것을 권유했다. 지청천 또한 대국적인 견지에서 독립운동 진영의 피해를 줄이기 위해 이를 수락하고 가족이 있는 곳으로 가서 얼마간 지내기로 했다. 그의 군사위원장(총사령관 겸임) 후임은 오동진이 맡았다. 1926년 9월경 그는 가족이 있는 북만주 오상현으로 갔다. 당시 그의 가족은 독립운동 진영 비밀연락원의 도움으로 국경을 넘어 만주로 망명한 뒤 여러 곳을 전전하다가 1926년 오상현에서 토지를 임대해 농사를 짓고 있었다. 지청천은 1927년 초까지 그곳에 머물면서 가족과 함께 지냈다.

개인본위 민족유일당을 지지

지청천은 정의부의 항일무장투쟁과 군사인재 양성을 위해 전력을 기울이면서 독립운동단체의 대동단결을 위해서도 지속적인 노력을 기울였다. 물론 분산되어 있는 독립운동단체의 통일은 모든 독립운동가들의 한결같은 바람이기도 했다.

이와 함께 당시 독립운동의 객관적인 상황도 독립운동 진영의 통일을 절실하게 요구했다. 즉 독립전쟁의 전망이 장기화됨에 따라 삼시협정 등으로 활동 여건이 점점 악화되는 것은 물론 독립전쟁을 치를 물질적인 뒷받침 또한 어려워지고 있었다. 이러한 상황을 극복하기 위해서도 항일 역량을 결집할 필요가 절실했다.

이와 같은 상황에서 1920년대 후반 국내외에 걸쳐 '민족유일당' 건설 운동이 거세게 일어났다. 만주의 유일당 조직 운동은 세력이 가장 컸던 정의부를 중심으로 전개되었다. 1927년 초 정의부는 민족유일당을 촉성하기로 결정하고 주요 지역에 발기인을 파견했다. 조선공산당 만주총국도 1927년 초 일련의 회의에서 민족유일당을 조직하는 것이 당면한 사업임을 확인하였다. 이에 따라 1927년 4월 15일부터 18일까지 정의부는 길림성 신안둔에서 민족유일당 결성을 위한 통일회의를 개최했다. 사회주의 세력도 참가한 이 회의에서 참석자들은 민족의 대동단결을 위한 강령과 언약문까지 제정했으나 참가 단체 및 민족주의 세력과 사회주의 세력의 갈등으로 인해 결렬되었다.

1927년 4월 19일 일부 참석자들은 회의를 다시 속개해 시사연구회를 조직했다. 시사연구회는 민족운동 내부의 다양한 의견을 결집하여 민족유일당의 결성과 활동방향의 연구를 목적으로 창립된 것으로 정의부·신민부·조선공산당의 대표들이 중앙간부로 활동했다. 그리하여 시사연구회 주도로 1928년 5월 12일부터 26일까지 18개 단체 대표 39명이 참석한 가운데 '전민족유일당조직촉성회'가 열렸다. 이 회의는 적의 습격을 피하기 위해 화전현과 반석현을 세 번이나 옮기면서 개최되었다. 지청천은 김동삼·현정경·현익철·고활신·김이대 등과 함께 정의부 대표로 참석했다. 그는 5월 12일부터 16일까지 5일간 화전현 화흥학교에서 열린 제1차 회의에서 진행 임원으로 선출되어 유일당 조직회의의 전체적인 진행을 총괄했다.

제2차 회의는 5월 17일부터 20일까지 반석현 호란집창자의 사설 민족교육학교에서 개최되어 군사·정치·교육·노동·청년에 대한 분과를 설치하기로 결의했다. 제3차 회의는 5월 21일부터 26일까지 6일간 반석현 남문 밖 대동농장에서 개최되어 민족유일당 조직을 촉성하기 위한 임원으로 지청천·김동삼·현익철 등을 포함하여 21명의 집행위원을 선출했다.

15일 간에 걸친 회의에서 참가 대표들은 의견 일치를 위해 노력했다. 그러나 단체 본위 조직론을 주장하는 전민족유일당협의회(협의회파)와 개인 본위 조직론을 주장하는 전민족유일당촉성회(촉성회파)로 분열되었다. 단체 본위 조직론자들은 '해외 운동자 대부분은 기성 단체에 관계되지 않은 경우가 없고, 다수의 소 운동단체가 존재하고 있어서 유일당이 이 소 운동단체를 떠나 존재하는 것은 불가능하므로' 유일당은 이들 군소 단체들을 기초로 조직되어야 한다고 주장했다. 반면에 개인 본위 조직론자들은 기성 단체는 모두 봉건적 잔재가 농후한 파벌적인 성격을 가진 데 불과하기 때문에 모두 해체하고 개인을 기초로 하는 정당적 조직을 결성해야 한다고 주장했다.

정의부 대표들은 대체로 협의회를 지지했다. 그것은 당시 만주 독립운동의 주도권을 정의부가 장악하고 있었기 때문이다. 따라서 지청천도 처음에는 협의회를 지지했다. 그러나 그의 본래 뜻은 명실상부한 독립운동 단체의 대동단결을 통한 유일당 건설에 있었다. 이를 통해서만 강한 무장력의 확보가 가능하고 나아가 독립전쟁의 승리가 가능하다고 판단했기 때문이다. 분파적 소단체의 연합으로는 강력한 독립전쟁 수행이 불가능하다는 것이 그의 소신이었다. 이에 그는 회의가 진행되던 중 다음 같이 발언하고 협의회에서 전격 탈퇴했다.

"혁명관을 달리하기 때문에 협의회에서는 성공이 불가능하다고 자신하고 개인으로서의 권리를 포기한다"

그의 발언에 동조하여 본래 협의회에 속해 있던 같은 정의부 소속의 배활산과 무본청년회 대표 박광세 등의 단체 대표들이 협의회 탈퇴를 선언했다.

이와 같은 상황에서 정의부는 1928년 8월 24일부터 9월 4일까지 길림성 동향수하자에서 제5회 중앙의회를 개최했다. 회의에서는 유일당 조직의 방법론을 놓고 격론이 벌어졌고 결국 협의회를 지지하기로 가결되었다. 이에 지청천을 비롯하여 김동삼·김원식·이규동·이종건·최명수·김상덕 등의 중앙집행위원이 직무를 포기한다는 성명을 내고, 대의원 4명은 퇴석했다. 대체로 중앙집행위원의 상당수가 중앙집권적인 개인 본위의 촉성회를 지지한 반면, 대의원들은 단체를 중심으로 한 협의회를 지지한 것으로 보인다.

전민족유일당조직촉성회가 결렬되자마자 촉성회파는 민족유일당촉성회조직동맹, 협의회파는 민족유일당조직동맹을 각각 민족유일당 조직을 위한 준비조직으로 결성했다. 1928년 6월에 협의회파는 반석현 호란집창자, 촉성회파는 반석현 세린하에서 각각 재만운동단체협의회와 전민족유일당조직촉성회를 개최했다. 협의회파와 촉성회파의 분립은 만주지역 유일당운동의 실패를 예고하는 것이었다.

민족유일당 결성이 실패로 돌아간 뒤 만주지역의 통일운동은 민족주의 세력에 의한 3부 통합운동으로 전환되었다. 1928년 9월 정의부는 참의부와 신민부에 연락을 취해 길림에서 3부 통일회의를 개최했다. 이 회의도 통합의 방법론에 대한 이견을 좁히지 못한 데다 참의부와 신민부에서 내부 문제로 대표들에 대한 자격시비가 일어나면서 무위로 돌아갔다. 이후 민족주의 진영 내의 촉성회파는 혁신의회를 조직했고, 협의회파는 국민부를 성립시켰다.

지청천은 1928년 12월 김좌진·김동삼·김승학 등과 함께 혁신의회에 가담했다. 혁신의회는 장차 군정부軍政府를 조직하기 위한 과도 행정 기구의 위상을 지닌 것이었다. 신민부 중앙집행위원장 김좌진, 참의부 참의장 김승학은 신민부와 참의부의 해체를 선언하고 개인 자격으로 혁신의회 구성에 참여했다. 지청천은 김동삼·황학수·김승학 등 16명과 함께 중앙집행위원에 선임되었으며, 아울러 '중일구中一區' 집행위원 겸 군정부 정리위원을 맡았다. 중일구는 지청천과 김동삼이 정의부에서 탈퇴한 뒤 '재야혁명당'을 조직했던 곳이었다.

혁신의회는 결성과 함께 다음과 같은 사업을 주요 임무로 삼았다.

① 대당大黨 촉성의 적극적 방조
② 군사 선후善後 및 적세敵勢 침입 방지
③ 합법적 중국 지방자치기관(동향회) 조직
④ 잔무 처리

여기서 가장 중요한 과제는 '대당 촉성', 즉 민족유일당 건설이었다. 이에 따라 혁신의회는 민족유일당 건설을 위해 노력한 결과 민족유일당

재만책진회를 조직했다. 혁신의회가 표면적인 자치행정적 조직이라면 민족유일당재만책진회는 이면적 조직, 즉 당적黨的 조직이었다. 재만책진회에서도 지청천은 집행위원과 군무위원으로 선임되었다.

재만책진회는 민족유일당의 완결된 형태가 아니라 유일당 결성을 위한 과도적 단계의 조직으로 결성되었다. 재만책진회는 노농 러시아의 원조를 받기 위한 활동까지 전개하는 등 항일운동의 객관적 상황을 유리하게 만들기 위한 외교적 노력에도 힘을 쏟았다. 그러나 1929년 4월 국민부가 결성되면서 표면적 행정조직인 혁신의회가 해체되자, 비합법 이면조직인 재만책진회는 무장 독립운동에 필요한 자금 마련에 곤란을 겪게 되었다. 이에 재만책진회의 집행위원들은 각자의 활동 근거지로 이동하여 활동하기로 결정했다.

본래 혁신의회는 1년 기한의 과도적인 단체로서 그 후에는 이를 토대로 군정부를 설립한다는 구상을 가지고 있었다. 이에 따라 재만책진회가 결성된 것이었으며, 계획대로라면 1929년 5월 이전에 군정부가 출범해야 했다. 그런데 길림지역에서 정의부가 주축이 된 협의회파가 신민부 민정파와 잔여세력을 규합하여 국민부를 만들고 세력을 확장하는 바람에 혁신의회는 행정구역을 중일구라고 했으나 사실상 길림지역에서는 국민부 세력에 밀려 새로운 군정부의 성립이 불투명해지고 말았다. 이러한 상황에서 혁신의회는 1929년 5월 중앙집행위원회 결의에 의해 1년 만기가 되어 해체를 선언했던 것이다.

지청천은 길림성 오상현 충하진沖河鎭으로 이동했다. 그는 즉시 독립운동 자금을 마련하고 혁명인재를 양성하기 위한 조직에 착수했다. 그

것이 바로 1929년 봄에 조직된 생육사生育社였다. 조직의 이름에도 나타나듯이 생육사는 '생산 저축을 장려하고 차此에 의하여 독립운동 자금의 충당을 계획하여 혁명적 인재의 양성을 기도할 목적'으로 조직되었다. 조직의 결성에는 지청천 외에도 홍진·황학수·김좌진·이장녕·김창환·박일만 등이 참여했다. 당시 일제는 생육사의 조직 결성에 대해 다음과 같이 파악했다.

길림성 오상현 충하(진)에 근거를 둔 생육사는 29년 봄 불령선인 홍진(홍면희)·황학수·이청천·김좌진·이장녕·김창환·박일만 외 수 명의 발기에 의하여 창립된 것인 바 그 취지는 표면으로는 친목·식산·수양을 목적으로 하는 것이라고 약장約章에 규정되었으나, 본사本社는 원래 상해임시정부 국무령 홍진을 사장으로 하고 기타 간부는 모두 일류의 불령선인 거두를 망라한 비밀결사로서, 생산 저축을 장려하고 이에 따라 독립운동 자금의 충당을 꾀하며 나아가서는 혁명적 인재의 양성을 기도하는 목적으로 조직된 것이다.

조직 결성 이후 생육사는 유수(대표 김창환), 하얼빈(대표 이춘기), 서란(대표 안일), 반석(대표 이환), 길림(대표 임복순), 오상 등지에 농지를 빌려 농업회사로 발전했다. 그리고 각지의 대표자 및 중앙의 간부들은 서로 긴밀히 연락체계를 유지하면서 활동을 계속했다. 생육사는 1930년 2월 제2회 총회를 열고 농노 상태에 빠진 재만 한인의 해방을 전제로 농지를 매수한다는 목표를 세우고 임원을 개선했다.

생육사 제2회 정기총회(1930. 2. 13)

- 본사의 종지에 관하여 단순한 의의는 재만 한교의 농노 해탈을 전제로 하는 범위에서 사원 각자의 경작에 충당할 수 있는 농지 매수를 최고 목표로 하여 비축조합을 실현함에 있다.
- 역원役員 개선의 결과 피선자는 아래와 같다.

  중앙집행 간사 : 김추당(김창환), 이금남, 임위당, 이백룡, 윤좌형, 박일만, 이우정, 이장녕, 황몽호(황학수), 박진동, 이청천, 목영상, 고용무, 김백

  중앙상무원 : 이장녕, 황학수, 이백룡, 이우정, 박진동(사장은 홍진 유임함)

이처럼 생육사는 만주 한인 농민의 농노적 상태를 해방하기 위해 중국인으로부터 많은 농지를 빌려 경작하게 했다. 이것은 물론 독립운동 자금을 확충하고 혁명 인재를 양성하기 위한 것이기도 했다.

이 무렵 민족주의 독립운동 진영은 일제의 마수뿐만 아니라 공산주의 운동진영의 노선 전환에 따른 상호충돌로 인해 적지 않은 고통을 받았다. 1920년대 후반까지는 항일이라는 공동 목표 아래 민족통일전선이 형성되고 공동투쟁을 전개했으나, 1929년에 접어들면서는 바야흐로 만주에서도 공산주의 진영과 민족주의 진영의 대립과 갈등이 본격화되었다. 당시 생육사가 소재한 북만주 오상현의 충하진에도 일단의 공산주의자들이 들어와 조직을 확대하고 민족주의 진영 인사들에 대한 공격을 감행하여 생육사 활동에 종사하던 박일만이 암살되었다. 지청천도

이때 암살의 위기에 처했으나 현지 농민들의 보호로 불상사를 면했다.

    더 심각한 문제는 이 살인사건을 이유로 중국 당국이 이 지역 한인 농민들에게 추방령을 내린 데 있었다. 결국 충하진의 농민들은 나라 잃은 백성의 설움을 다시 한 번 되새기면서 애써 일군 농토를 버릴 수밖에 없었다. 이에 따라 생육사 활동도 소기의 목적을 달성하기 전에 끝을 맺고 말았다. 그럼에도 생육사의 조직과 활동은 만주사변이 발발한 이후 본격적인 항일 무장투쟁의 주체가 되는 재만 한국독립당 건설의 기반이 되었다는 점에서 의의가 있다.

4
한·중 연합의 무장투쟁

한국독립당의 창당과 활동

1920년대 말에서 1930년대 초 만주의 정세는 급박해지고 있었다. 1929년 전후 대공황은 일본제국주의에 큰 타격을 주었다. 한편, 일본 대외투자의 상당부분을 점하고 있던 만주에서는 일제의 침략에 저항하는 반일 분위기가 팽배해져 갔다. 만주군벌 장학량張學良은 1928년 6월 아버지 장작림張作霖이 봉천에서 일제의 음모에 의해 폭살되자 같은 해 12월 남경 국민정부에 충성할 것을 서약하고 항일을 다짐했다.

위기에 봉착한 일제는 만주를 침략하여 문제를 해결하고자 했다. 이에 따라 만주는 1930년대에 접어들면서 전쟁 발발의 위기가 한층 고조되었다. 이러한 상황 속에서 재만 한인의 자치기관 건설과 무장투쟁 역량 강화를 위해 진력하던 민족운동가들은 이제껏 축적한 역량을 바탕으로 심기일전하여 민족운동 진영의 대동단결을 위한 조직결성에 더욱 노력하게 되었다.

결집을 촉진시킨 또 하나의 요인은 공산주의 세력의 민족운동 진영에 대한 잠식·파괴공작이었다. 1920년대 후반 만주에서 민족유일당운동 및 3부 통합운동이 전개될 때 여기에 한인 공산주의자들도 다수 참가하여 민족통일전선을 형성하고자 했다. 그 결과 민족주의 진영의 소장 독립운동가 상당수가 좌경화되면서 민족주의 진영의 활동이 점차 위축되었다. 이것은 재만 동포들의 열악한 사회경제적 처지 때문에 민족보다는 계급을 내세우는 사회주의자들의 논리가 더 쉽게 받아들여졌기 때문이다. 따라서 민족유일당운동을 계기로 제기되었던 만주의 민족통일전선은 1930년 중반에 이르러 완전히 파기되고 양 진영은 대립·투쟁 관계로 돌아섰다.

북만주의 구 신민부 관할지역에서는 공산주의 세력에 대응하기 위해 김좌진 등 신민부 군정파가 김종진·이을규 등 무정부주의자들과 연합하면서 한족총연합회를 결성, '상호부조'와 '자유연합'이라는 새로운 정치이념을 모색했다. 반면에 지청천과 홍진·여준·최명수·오광선 등 오상현 지역의 민족주의 지도자들은 급변하는 세계정세와 만주의 상황, 공산주의 세력의 증대, 민족운동과 사회운동의 결합 필요성 등에 대응하는 이념과 노선을 모색하고자 노력하였다. 이들은 주간으로 『우리 민족의 갈 길』을 발행하면서 급변하는 정세에 이론적으로 대응코자 했다. 이러한 상황에서 김좌진의 암살 등 민족주의 진영에 대한 공산주의 진영의 공격은 민족주의 진영의 결집을 촉진시켰다.

마침내 민족유일당운동과 생육사·한족총연합회 등의 활동을 통해 민족대당 결성의 기반을 다져온 북만주지역의 민족주의 지도자들은 1930년 7월 중동선 철도 동부선의 연변인 위하현가 김광택의 집에서 한국독립당을 창당했다. 창당대회에는 홍진·지청천·황학수·이장녕·신숙·정신·민무·남대관·최호·박관해·박세황·오광선·심만호·안훈(조경한)·최악·이원방(이춘정)·이방마 등 40여 명이 참가했다.

홍진·지청천·황학수·이장녕·신숙 등은 생육사를 통해 인재 양성과 운동자금 확충을 위하여 활동하고 있었다. 정신·민무·남대관 등은 북만주의 한인 자치조직으로 구 신민부(군정파)를 계승한 한족총연합회에서 활동했다. 그리고 오광선·심만호·안훈(조경한)은 오상현에서 활동했고, 최호·박관해·박세황은 신민부 민정파 출신으로 동빈현에서 활동하고 있었다. 한국독립당의 당강黨綱은 다음과 같다.

당강 : 삼본주의三本主義
① 민본정치民本政治의 실현
② 노본경제勞本經濟의 조직
③ 인본문화人本文化의 건설

한국독립당은 '민民·노勞·인人' 중심의 정치·경제·문화를 실현하고자 했다. 여기서 '민·노·인'은 농민을 의미했다. 한국독립당은 재만 한인 농민의

| 홍진

| 황학수

| 신숙

경제적 지위를 향상시키고 나아가 항일을 통해 민본정치를 실현하는 것을 목표로 했다. 이것은 생육사의 정신과도 이어지는 것으로, 일제 침략과 사회주의 전파 등 급변하는 만주의 정세에 대응하기 위한 모색의 결과였다.

한국독립당은 내부에 총무·조직·선전·군사·경리·감찰의 6개 위원회를 두고 조직체계를 중앙당부·지당부·구당부의 3단계로 구분했다. 그리고 동·북만주의 구 의병·유림·대종교 세력을 망라하여 진용을 강화하였다. 그리하여 1931년경에는 당원만 수만 명에 달했고 군구도 36개 지구로 확대되는 성과를 거두었다. 홍진이 한국독립당 중앙위원장을 맡았고 지청천은 군사위원장에 선임되었으며, 오광선·민무·이붕해·김청농·최만취·손무영 등이 군사부 위원에 배치되었다. 이 외에 신숙(총무)·남대관(조직)·조경한(선전)·최호(경리)·이장녕(감찰) 등이 중앙집행위원으로 선임되었다.

지청천은 군사부 책임자로서 한국독립당의 군사활동을 총괄하게 되었다. 여기에는 오광선·민무·이붕해·김청농·최만취·손무영 등이 군사부에 포진해 있을 뿐만 아니라 다른 부서에도 김창환·황학수·이장녕·김규식·정신 등 과거 동·북만주 일대에서 항일무장투쟁을 이끌었던 독립군 지도자들이 다수 포진해 있었다. 김창환·이장녕·김규식 등은 군사위원장 지청천이 1920년에 노령으로 독립군을 이동시킬 때 행동을 같이 했었으며, 오광선·손무영·최만취 등도 서간도 신흥무관학교 이후 줄곧 지청천과 뜻을 같이 했다. 김청농은 대한제국 육군무관학교를 졸업했고, 민무·정신·이붕해는 신민부 군정파 출신으로 한족총연합회에서 군사부문을 담당했다. 특히 이붕해와 박명진은 지청천이 신흥무관학교 교성대장으로 있을 때 가르쳤던 제자였다.

한국독립당은 1920년대 중반 이후 만주 독립운동 진영에 확산된 이당치국以黨治國 노선에 따라 창당된 비밀결사였다. 따라서 항일무장투쟁을 효과적으로 수행하고 공산주의 세력 확산에 대처하기 위해서는 합법적 자치행정기관이 절실히 요구되었다. 그러나 종래 북만주에서 구 신민부를 계승해 건설된 한족총연합회와 이를 계승한 한족농무연합회 등은 1930년 1월 지도자 김좌진을 잃은 후 세력이 현저히 위축되었다.

이에 홍진·지청천·이장녕·신숙·정신·민무 등 한국독립당 지도부는 '조선민족의 생활 안정과 자치제 완성을 도모'할 목적으로 합법적인 단체를 만들기로 결정했다. 그리하여 1930년 8월경 주하현 오길밀하에서 한족자치연합회가 결성되었다. 연합회 본부는 주하현 하동농장이었다. 만주사변 직전에 하동농장이 개간되면서 한인들이 다수 모여들었는데, 오길밀은 바로 이곳에서 기차로 한 정거장 거리에 있었다. 이는 하동농장이 당시 독립운동 근거지 건설의 이상촌으로 선택되었을 가능성을 시사해 주는 것이라 하겠다. 이것은 1920년대 후반기 만주지역 독립운동 근거지가 점차 북쪽으로 이동하는 상황과도 관련이 있었다.

군사부와 조직 겸 선전부·교육부 등이 설치되어 있음을 볼 때 연합회가 자치활동만을 하는 단체는 아니었다. 지청천을 비롯하여 백운봉·박관해가 군사부를 맡았을 뿐만 아니라 자치연합회에는 홍진·김소창·황학수·최송길·백운봉 등 저명한 군사지도자들이 핵심간부로 포진했다. 이것은 평상시에는 자치기관으로 기능하다 유사시에는 무장투쟁 조직으로 전환하려는 것으로 풀이된다.

　자치연합회의 간부들은 각지를 순회하며 지방조직을 강화해 나갔다. 1930년 후반에는 남·북만주 민족주의 정당의 유대 강화를 위해 국민부의 김이대 등과도 만나 공산주의 세력에 대한 대응책을 강구하기도 했다. 그런데 자치연합회는 얼마 지나지 않아 심각한 내분으로 해체될 위기에 놓였다. 백운봉과 최호가 본부인 하동농장에서 직권을 남용하여 농민들로부터 원성을 사고 있었다. 이때 김규식이 주하현에 와서 최악·지청천·신숙 등과 만나 대책을 협의했다. 최호 등은 김규식이 자신들의 지위를 빼앗을 것을 두려워하여 김규식 일행이 묵고 있던 이붕해의 집을 습격하여 김규식을 살해하고 지청천과 최악 등에게도 부상을 입혔다. 이에 따라 자치연합회는 더 이상의 존속이 오히려 독립운동에 폐해가 될 수 있다고 판단해 지역 대표들과 협의 끝에 해체를 선언했다.

　한국독립당의 활동으로 주목되는 것은 만주지역 독립운동 진영의 통일을 위한 노력이다. 민족유일당운동의 결과 남만주에서는 조선혁명당(국민부)이 조직되었고, 북만주에서는 한국독립당(한족자치연합회)이 조직되었다. 그러나 만주는 워낙 광대한 지역이기 때문에 이러한 분립도 일종의 역할 분담이라는 측면이 없지 않았다. 다시 말해서 한국독립당과 조선혁명당이 남·북만주라는 지역적 상황과 대일 항전의 여건이라는 측면에서 일종의 역할 분담체제를 구성한 것이라고 볼 수 있다.

　일제의 전면적 침략이 임박해지자 한국독립당을 비롯한 독립운동단체들은 대일 항전력을 높이기 위해 민족유일당운동 당시 뜻을 달리했던 동지들과도 다시 만나 대동단결을 모색했다. 일제 정보당국의 보고에 따르면 국민부·한족(자치)연합회(한국독립당)·고려공산당 등 각 단체가 빈현에 모여 만주사변 이후의 상황에 대처하기 위한 협의를 했다고 한다. 항전파와 자치파의 대립이 있었다는 사실이 주목되는데, 여기서 지청천은 절대 항전을 주장하면서 중국국민당과 연합전선을 주장했다.

민족파 불령선인의 시국대책회의 개최

빈현을 중심으로 한 동지연선東支沿線 각지에 산재한 민족파 불령선인들은 만주 신新 정권의 기초가 점차 강고해지는 상황을 보고 그에 대한 대책을 강구하여 1월 5일 국민부·한족연합회·고려공산당, 기타 각 단체 대표 40여 명이 빈현에 회합하여 재만 선인鮮人문제를 토의했는데 유동렬 일파는 대세에 순응하여 일본 측의 양해를 얻어 자치운동을 일으키자고 주장함에 대해 이청천·남대관 일파는 절대독립주의로서 중국국민당과 합류·투쟁을 계속하자고 주장, 양자의 의견이 대립하여 항쟁했다.

한국독립군 창설과 한·중 연합전선

1931년 9월 18일 일본제국주의는 유조구柳條溝 철도 폭파사건을 구실로 만주에 전면적인 무력공격을 감행하고, 이듬해 3월 1일에는 천진사건 당시 여순으로 탈출해 연금상태에 있던 선통제宣統帝 부의溥儀를 꼭두각시인 '집정執政'으로 내세워 만주국을 수립했다. 만주사변에 직면하여 한국독립당 지도부는 그동안의 준비를 토대로 한국독립군을 창설했다. 특히 지청천은 종래의 분산적이고 소규모적인 유격전만으로는 전면항전이 불가능하다고 판단해 북만주 각지의 대소 부대를 총집결시켜 대규모의 항일전을 전개해야 한다고 생각했다.

그가 이처럼 대규모의 항일전을 준비한 것은 다음의 세 가지 상황을 전망했기 때문이었다.

첫째, 일본의 대륙 침략이 만주 침략으로 그치는 것이 아니라 장래 중국 본토로 무력침공이 이어질 것이며, 결국 세계대전으로 확대될 것으로 예측하였다.

둘째, 항일전쟁의 무대가 될 만주에서 중국군과 연합해 항전할 것을 전망했다. 과거 3·1운동 이래 청산리전투·봉오동전투를 비롯해 크고 작은 유격전 등 수많은 항일전이 전개되었지만 이들 전투는 대개가 단기적이고 분산적인 전투였다. 따라서 일제의 전면적인 만주 침략을 계기로 항일의식이 충만된 중국군과 연합해 대규모 정규전을 전개하여 일제를 구축하고 조국을 독립시킨다는 전망을 하게 되었다.

셋째, 만주사변이 세계대전으로 번지면 이 세계대전에 한국독립군이 연합군의 교전단체로 참가함으로써 종전 후 한국의 입지를 강화할 수 있다고 전망했다.

한국독립당은 1931년 10월 18일 남대관·권수정 등을 중심으로 한족자치연합회·국민부·한족농무연합회·조선혁명당 등의 대표 30여 명을 석두하자에 소집해 시국대책회의를 개최했다. 이 자리에서 재만한교총연합회를 조직하고 동회 내에 연합선전부 및 연합총군부를 설치할 것과 중국군과 공동전선을 펴 일본군의 침략에 대항할 것을 결정하였다.

독립운동 전선 내부의 결속을 바탕으로 한국독립당은 1931년 11월 2일 오상현 대석하자에서 긴급 중앙위원회를 열고 앞으로 활동을 대일 군사활동으로 전환하고 중국군과 합작하기로 결의했다. 이 결의에 따라 한국독립당은 11월 10일 중동선 철도 연변을 중심으로 각 군구에 총동원령을 내려 재항군인 소집과 청장년 징모를 실시하는 한편 이들이 도착하는 대로 단위부대를 편제하기로 결정하였다. 편성을 완료한 한국독립군은 재향군인을 소집해 무장대오의 정규적 편성을 위해 징모위원을 선임하는 한편 이들을 36개 군구에 파견했다. 한국독립군의 징집구역은 밀산密山·호림虎林·동녕東寧·왕청旺淸·목릉穆陵·영안寧安·무송撫松·화룡和龍·훈춘琿春·액목額穆·길림吉林·오상五常·서란舒蘭·아성阿城·쌍성雙城·돈화敦化 등 북만주를 중심으로 만주 전역에 걸쳐 있었다.

　한국독립군은 한국독립당의 결의에 따라 11월 12일 당·군의 대표인 신숙·남대관 등을 이두李杜, 정초丁超 등의 중국군 부대에 파견해 합작을 협상하게 했다. 당시 만주의 중국군은 길림성 대리주석 희흡熙洽이 일본군에 투항한 데 반대하여 이두·정초·풍점해馬占海·왕덕림王德林·마점산馬占山·당취오唐聚伍 등이 항일의 기치를 내걸었다. 신숙 등은 11월 말경 목적지에 도착해 중동철도호로군中東鐵道護路軍 사령관 정초, 제2군장 양문휘楊文揮, 제3군장 고봉림考鳳林 등과 면담해 좋은 결과를 얻었다.

　지청천은 12월 11일 한국독립군 총사령으로서 최악·오광선·심만호·김청농·최관용·최종원·한무빈 등과 함께 중국군 사령부를 방문해 연합의 구체적 조건을 논의했다. 합의된 내용에 따르면 군수물자는 중국군이 공급하되, 한국독립군은 동부전선을 담당하고 군사훈련도 독자적으로 실행하는 것이었다. 이로써 만주사변을 시작으로 본격화된 일제의 침략에 대응한 한·중 양군의 연합전선이 형성되었다.

① 한·중 양군은 어떤 열악한 환경을 막론하고 장기항전을 맹세한다.
② 중동철로를 경계로 서부전선은 중국군이 맡고, 동부전선은 한국독립군이 담당한다.
③ 한·중 양군의 전시 후방 교련은 한국독립군의 장교가 부담하고, 한국독립군의 소요 일체 (보급)자료는 중국군이 공급한다.

한국독립군은 1931년 만주사변 이후 만주에서 봉기한 반만反滿항일군과 연합하여 대일항쟁을 전개했다. 그러므로 한국독립군의 활동을 제대로 파악하기 위해서는 반만항일군의 동향에 대해서도 살펴볼 필요가 있다.

만주 민중들은 처음부터 일본군의 침략에 항거해 항일투쟁을 전개했으며, 만주국을 인정하지 않고 반만항일운동을 전개했다. 만주사변 이후 봉기한 각종 반만항일부대의 총 인원수는 1932년에는 36만여 명을 헤아릴 정도의 대규모 세력을 형성했으나 거듭되는 만주국 군경 및 일본군의 '토벌'로 1934년에 들어서는 4만여 명으로 격감했고, 중일전쟁이 일어나는 1937년에는 9천 5백여 명, 1939년경에는 3천여 명으로 줄었다가 1941년 초를 고비로 거의 자취를 감추고 말았다.

반만항일투쟁의 주요 세력은 대체로 구 봉천군벌계의 지방주둔군 지휘관과 예하 병력, 대범회大凡會나 홍창회紅槍會 등과 같은 종교집단, 만주의 전통적인 마적집단, 한·중 공산주의자들의 무장세력, 조선혁명군과 한국독립군 등의 한인 민족주의 세력 등으로 대별된다.

이들 부대는 '반만항일'의 기치를 걸고 독자적으로 혹은 연합해서 투쟁을 전개하며 만주국군과 일본군을 괴롭혔다. 이들 항일군 가운데 소위 '병비兵匪'로 유명했던 구 동북군계 항일군의 지도자로는 동변도 및 연변지방의 당취오·이자영李子榮·왕덕림·오의성吳義成·공헌영孔憲榮 등이 있었고, 남만주 일대 요동의 등철해鄧鐵海·이춘윤李春潤, 길림성의 풍점해馮占海·궁장해宮長海·전신殿臣 등이 있었으며 요서지방에는 고북풍考北風, 동부 국경지방에는 유만괴劉萬魁, 북만에는 이두·정초·마점산馬占山·소병문蘇炳文·장전구張殿九, 열하지방에 탕옥린湯玉麟 등이 있었다. 이들은 의용군·구국군·자위군 등의 명칭을 사용했으며, 중국 본토의 국민당 정부와도 연계되어 있었다. 한국독립군은 이 가운데 이두·정초 등의 길림자위군·중동철도호로군, 왕덕림 휘하의 오의성·공헌영 등이 지휘하는 길림구국군과 연결되어 항일투쟁을 전개했다.

길림자위군은 일본 측이나 중국공산당에서는 반(反)길림군이라고도 불린 구 동북 길림성군의 부대였다. 길림성에서는 만주사변 직후 대리주석 겸 동북변방군 길림부대 부사령 희흡이 일본 관동군의 후원을 받아 독립을 주장하고 9월 말경에 임시 '길림성정부'를 세웠는데, 일본과 결탁한 움직임에 반발하여 1931년 11월 12일 성윤誠允이 빈현에 '길림성정부'를 세우고 주석이 되었다.

길림자위군은 구 동북군계 정규군과 북만주 일대의 희흡정권을 반대하는 10개 현을 기반으로 하는 길림성정부를 바탕으로 항일의 기치를 올렸다. 그러므로 길림자위군은 구 동북군의 연합군·관병적 성격이 강했다. 길림자위군의 이러한 특성 때문에 한국독립군도 여기에 합세할 수 있었다.

길림자위군은 1932년 2월의 쌍성·하얼빈전투 등에서 크게 활약했다. 그러나 만주국이 수립된 뒤 만주국이 정비한 일·만 군경의 '대토벌'로 길림자위군은 점차 약화되었다. 그리하여 정초부대는 1933년 1월에 투항하고 이두부대는 소련 영내로 퇴각하고 말았다. 그 후 길림자위군은 풍점해·궁장해 등에 의해 지도되다가 대도회大刀會·홍창회와도 연결되면서 1934년경까지 왕덕림 등 길림구국군과 함께 항전했다.

따라서 한국독립군이 1932년 초 북만 일대에서 세력을 떨친 길림자위군에 가담하여 항일투쟁을 전개한 것은 전투역량 강화와 세력 보존을 위해 바람직했다. 이러한 한국독립군의 상황을 일제 정보당국은 다음과 같이 파악했다.

남대관·권수정 등은 …… 장학량·장작상 계통의 일파가 소화 6년(1931년) 11월 빈현에 반反길림정부를 수립하고 길림 임시정부를 잠칭, 맹렬한 배일排日 책동을 개시하자 이 일당의 간부들에 접근하여 그의 양해·원조 하에 배일을 책모하고, 전 한족총연합회 간부였던 이청천·신숙 등의 주요 인물과 합하여 아성현 대석하에 한국독립당이라는 것을 조직하여 이청천을 총사령으로 하고 남대관을 부사령으로 하는 한국독립군을 편성하였다. 이와는 별도로 당내에 구국군 후원회라는 것을 조직하여 반反길림군에 대하여 군자금을 모집·헌금함과 동시에 배일운동을 치열하게 계속하였다. …… 그 후 소화 7년 1월 하순 길림군과 반反길림군 정초 일파 사이에 항쟁이 격화되어 길림군 중의 일부가 반反길림군으로 되돌아서는 바람에 북만의 정세는 위태롭게 되었다. 이에 일본군이 출동하자 이청천 등을 간부로 하는 한국독립군은 정초군으로부터 무기를 지급받고 대원을 모집하여 일본 측 기관의 파괴, 일본 요인의 암살 등을 기도하고 지방 혼란의 기회를 이용하여 누차 하얼빈 시내에 잠입하여 …… 반反길림군과 책응하고 반일 군사행동에 참가하였는바 ……

1932년 2월 초순에는 연변에서 왕덕림 등이 지휘하는 길림구국군이 봉기했는데, 한국독립군은 1933년 초·중반 길림구국군과 연합전선을 형성해 많은 전과를 거두었다. 본래 왕덕림은 연길진 수사守使 길흥吉興부대의 3영장으로 돈화현에 주둔하고 있었으나, 친일파 희흡과 길흥의 명령을 거부하고 돈화에서 봉기했다. 이후 그는 돈화에서 부대 전력을 강화하며 많은 항일부대들을 흡수·통합하거나 연합하여 세력을 증강시켰다. 그의 부대는 동녕·돈화·장안·목릉·수분·밀산·안도·훈춘·왕청 등 11개 현에 분산 주둔하여 상당기간 맹위를 떨쳤다. 길림자위군의 대부분이 옛 동북군 출신이고 한때 빈현에 있던 길림성정부의 정규군 성격을 띠고 그에 상응하는 임무를 수행한 데 반해, 길림구국군은 옛 동북군이 상당수 포함되기는 했지만 만주의 민중에 의한 대오, 즉 구국의 의지를 갖고 자발적으로 참여한 민중의 무장집단이라고 할 수 있다. 이 부대의 주요 지휘관은 왕덕림을 비롯하여 유만괴·오의성·이해청·공헌영 등이었다.

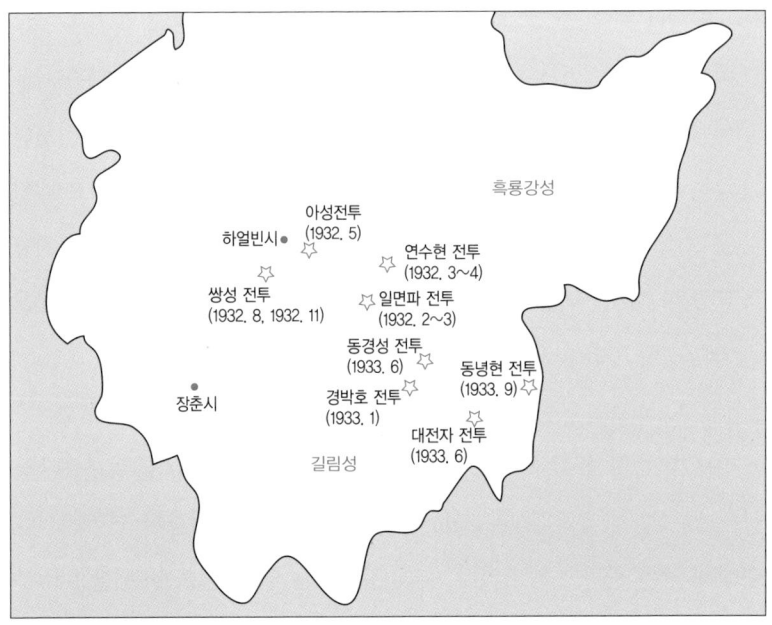

| 한국독립군의 중요 전투 지역

 길림구국군은 1932년 3월 영안을 점령했는데, 이때 이미 1만 5천여 명에 이르는 대규모 부대로 성장하여 이를 5대로 편성하여 구국군 총부를 영안에 설치하고 장기항전의 태세를 갖추었다. 동년 7월 말경에는 길림자위군과 공동작전을 추진했으나 내부분열로 큰 손실을 입고 실패하고 말았다. 이어 1933년 1월 왕덕림·공헌영 등이 일본군의 '토벌'에 밀려 동녕을 잃으면서 구국군 상층부는 붕괴상태에 빠졌다. 그러나 오의성·시세영 등은 잔존부대를 이끌고 그 외의 항일부대와 연합하며 항전을 계속했다.

한·중 연합 무장투쟁과 한국독립군 재편

1932년 1월 초 북만주의 오상·서란현 일대에서 조경한·권오진 등이 모병하여 편성한 한국독립군 1개 대대(편제상으로는 270명 내외)는 한국독립군 본부가 있는 방정현으로 이동하는 도중 태평천 부근에서 약 2천여 명 규모의 길림자위군 제9사 사복성 부대를 만나 이에 합류, 공동작전을 전개하게 되었다. 조경한 등이 이끄는 한국독립군 부대는 '한국독립군 유격독립여단'으로 명명하고 길림자위군으로부터 무기를 지원받아 무장을 강화했다. 그리고 길림자위군과 함께 서란현성을 공격하기로 하고 1932년 1월 23일 소산자로 진출한 뒤 정찰대를 파견하여 적의 동향을 탐지했다. 이어 한·중 양군은 4일 후 소산자를 출발하여 29일 밤 서란현성 주변 8~12킬로미터 지점에 병력을 분산배치하여 성을 포위했다.

서란현성 공격계획에 따르면 자위군은 자정을 기해 동서남 3면으로 공격하고, 한국독립군 유격독립여단은 성 북문 밖 8킬로미터 지점의 산 계곡길 양편에 매복하여 적의 퇴로를 차단·섬멸하는 것이었다. 자위군이 성을 공격하자 약 2시간 전투 끝에 성에 주둔하고 있던 일본군 1개 분대와 길림군 1개 중대는 중과부적衆寡不敵으로 자위군의 공격을 견디지 못하고 한국독립군의 매복지점으로 패퇴했다. 이때 한국독립군의 집중 공격으로 일본군과 길림군은 괴멸되었다. 한·중 양군은 성에 들어가 이틀간 휴식을 취한 뒤 현성을 출발하여 액목현을 향해 행군하던 중 '노야령' 부근에서 일본군·길림군 2개 대대와 조우했다. 한·중 양군은 패주하는 척하면서 5개의 고지를 점령하여 적을 불리한 지형으로 유도한 후

맹공격을 가했다. 이에 적군은 200여 명이 살상되고 100여 명이 패주했으며, 길림군 500여 명은 투항했다.

1932년 1월 말에서 2월 초에 걸친 시기에는 이두·정초의 연합군이 일본군의 하얼빈 입성을 저지하기 위해 북만주 쌍성과 하얼빈 부근에서 완강히 저항하고 있었다. 따라서 일본군은 하얼빈 주변과 장춘·길림·심양 등 대도시에 많은 병력을 투입해 놓은 상태였기 때문에 다른 지역까지는 손을 쓰지 못하고 있었다. 때문에 한국독립군은 북만의 하얼빈 외곽 각처에서 항일 의용군과 연합할 수 있었다.

한국독립군 유격독립여단은 사복성부대와 함께 1932년 2월 초 200여 명의 길림군이 주둔하고 있던 액목현성을 공격하여 큰 전투 없이 성을 점령하고 50여 일간 머물며 부대를 훈련, 정비한 뒤 3월 말경 중동철도 연선을 따라 북상했다. 그런데 북상 도중 연합군은 흑룡강성 오상현 충하진 부근에서 1개 사단 규모의 일·만군 연합부대가 북상중이라는 정보를 입수했다. 이에 한·중 양군은 적의 북상을 좌절·지연시킬 목적으로 급히 일면파一面坡 방면으로 진로를 바꿔 태평천 동쪽 납봉산 계곡에 이르러 약 8킬로미터의 능선에 7곳의 진지를 구축하고 적의 통과를 기다렸다. 양군은 적군의 후미 1개 대대 가량의 병력이 치중차량을 보호하고 지나는 것을 습격해 2시간에 걸쳐 치열한 전투를 벌였다. 이윽고 후미의 적군이 패퇴할 무렵 갑자기 일본군의 항공기가 공습을 가하고 이미 통과한 적의 중군中軍 약 1개 연대가 되돌아와 맹렬한 포격을 가했다. 양측은 1시간가량 격전을 치렀으나 한·중 연합군은 전세가 불리하여 부득이 분산·패퇴했다. 납봉산전투에서 사복성부대는 심각한 피해를 입어 동만주 지방으로 이동했고, 한국독립군 유격독립여단은 이 부대와 결별하여 독자적 행동을 취하게 되었다. 이후 조경한·권오진 등이 이끄는 한국독립군은 총사령부 소재지인 방정현을 따라 북진했다.

    1932년 2월 12일경 일본군과 길림군 연합부대가 수십 대 전투기의 지원을 받으며 북만 일대를 대대적으로 침공했다. 침공의 목적은 하얼빈 교외에서 일본군의 하얼빈 진입을 완강히 저지하고 있는 이두·정초 등의 길림자위군·중동철도호로군의 연합부대를 격파하고, 항일을 내세우는 빈현 소재 길림성정부를 전복하기 위해서였다. 이때 한국독립군은 길림자위군과 함께 위사하·일면파·오길밀·밀봉참·동빈·방정·의란 등지에서 격전을 치렀으나 중국 측의 적극적인 지원을 받지 못해 식량과 탄약의 보급이 두절되었고, 한·중 양군의 통제와 협력이 미비하여 참패를 당한 후 사방으로 흩어졌다.

    1932년 3월 초 길림자위군 총지휘부가 흑룡강성 연수현(동빈현)으로 이동한 뒤 한국독립군은 합작 교섭을 재개하여 자위군 산하 고봉림부대에 합류해 재차 공동작전을 취했다. 이후 한국독립군 사령부와 주력부대는 흑룡강성 주하·연수현 일대에서 일·만군의 진공에 맞서 길림자위군과 함께 격전을 치렀으나 결국 패퇴하여 송화강 이북 목란 방면으로 철수했다.

    일본군·길림군의 공세가 가열되자 한국독립군은 사령부와 각 지대가 유기적으로 통합·연계되지 못한데다가 길림자위군과 협조도 원활하지 못하여 본래의 임무를 효과적으로 수행하기가 어려웠다. 이에 따라 조경한·권오진 등이 이끄는 한국독립군의 일 지대와 합류한 김창환·이규보·공창준·정남전·한해강·차철 등 일부 간부들은 1932년 5월 1일 아성현 대석하에서 한국독립당·한국독립군 비상회의를 열고 다음의 사항을 결정했다.

① 군사운동을 다시 정돈하되 대석하를 임시 중심지대로 정하여 이미 분산된 부대와 사병을 수습하는 한편 신병을 계속 모집·훈련시킬 것.
② 곧 사람을 파송해 지(청천)총사령 및 소속직원과 직속부대를 대석하로 맞아오도록 할 것.
③ 처음 군사협정을 체결한 이두의 군대는 행방을 알 수 없으므로 현재 대석하 부근에 주둔하고 있는 유력부대 길림자위군 제7려 고봉림과 합작교섭을 전개할 것.
④ 김창환을 부사령으로 추대하여 임시로 총사령의 임무를 대리할 것.

이에 따라 5월 3일 조경한·안종명·이규보 등은 영발둔에 주둔하고 있던 고봉림부대를 방문하여 고봉림 및 참모장 조린趙麟과 한·중 합작을 교섭한 결과 양측의 합작이 순조로이 성립되었다. 이에 한국독립군은 영발둔으로 이동해 고봉림부대와 함께 그곳에 주둔하게 되었다. 한국독립군은 신병의 모집과 훈련에 주력하고 때로 농민을 돕는 등 대민봉사에 종사하면서 인근에 산재한 우환장于煥章이 이끄는 만주국군을 소탕하는 소규모 전투를 몇 차례 치렀다. 그러나 전투역량의 보존을 위해 대규모 작전은 삼갔다.

총사령 지청천은 6월 말경 참모장 신숙, 부관 최만취, 제2대대장 최악, 별동대장 심만호 등과 함께 소속부대를 이끌고 한·중 연합군의 주둔지인 쌍성현 납림장으로 이동했다. 지청천이 도착하기 직전에 한국독립군은 영발둔에서 납림장으로 주둔지를 옮겼다. 이로써 각지에 분산되었던 한국독립군은 지청천 총사령이 지휘하는 단일부대로 통합되었다. 그 후 한국독립군은 완전한 편제를 갖추고 병력의 모집과 훈련에 힘을 기울여 군세가 신장되었다.

쌍성전투 승리와 동만주 이동

납림장에 집결한 한국독립군은 1932년 7월경 당·군 연석회의를 열고 한·중 양군의 하얼빈 진공목표를 수립했다. 이에 따라 동년 8월 한·중 연합군은 준비를 마치고 하얼빈 공격을 실행하려 했으나 사정이 여의치 않아 계획을 잠정 중단하고 쌍성보를 공격하는 것으로 계획을 변경했다.

쌍성은 합장선哈長線의 요지이며 하얼빈으로 들어가는 만주 산물의 집산지로서 전략적 가치가 큰 곳으로, 친일 부호와 고관대작들이 다수 거주하는 일제침략의 중심지였다. 따라서 적들도 쌍성을 전략적으로 중시하여 일·만군 2개 연대 이상을 주둔시키고 있었다. 또한 만주국의 초비군사령관剿匪軍司令官 우침징于琛澂의 본대가 있어 방비가 가장 견고한 곳이었다. 때문에 쌍성 공격은 적에 대한 공격일 뿐만 아니라 후방에서 중요한 군사적·전략적 요충지를 탈환함으로써 북상중인 적에 대한 군수물자를 차단하는 의미를 지녔다. 나아가 이두·정초부대가 빼앗긴 곳을 탈환하여 항일군의 사기를 드높이고 하얼빈 공격에 대한 근거지를 확보한다는 의미도 있었다. 한국독립군은 1932년 9월 중순 지린자위연합군 제1·2군과 연합해 진공하기로 하고 제1군은 동문으로, 제2군은 남문으로, 3군인 고봉림부대와 한국독립군은 서문으로 일시에 협공키로 했다.

총사령 지청천은 전투에 앞서 한국독립군 장병들에게 작전 개요와 전술을 지시하고 정신무장의 강화를 요체로 훈화했다. 한국독립군의 사기가 충천한 가운데 9월 20일 밤 8시경 한·중연합군은 공격을 개시하였다. 공격은 계획대로 동문과 남문은 길림자위군 제1·2군이, 서문은 고봉림부대와 한국독립군이 맡았다. 북문 쪽은 적의 도주로로 비워두고 홍창대와 흑창대로 하여금 중도에 매복하여 적을 섬멸하도록 했다. 이때 성 안에는 만주군 2개 대대(3천여 명)와 일본군 소수병력이 주둔하고 있었다. 약 2시간에 걸친 전투 끝에 서문을 먼저 함락되고, 이어 동문과 남문도 활짝 열렸다. 일본군이 먼저 북문 밖으로 탈출하여 쌍성역 쪽으로 도주한 뒤 박격포와 기관총 공격을 퍼부으며 북문으로 패주하는 만주군을 엄호했으나, 만주군은 매복 중이던 홍창대의 기습으로 괴멸되었다. 일본군 역시 홍·흑창대의 기습을 받고 다수가 사상되었다.

그러나 쌍성보를 점령한 연합군은 이곳이 평지로 방어에 부적당하고 수만 명이나 되는 연합군의 보급물자 확보에도 어려움이 있다고 판단하여 남쪽으로 20킬로미터 가량 떨어진 우가둔으로 이동했다. 그리고 일부 부대가 성 내외에 분산 배치되어 적의 침공에 대비하였다. 그러나 얼마 후 일·만 연합의 대부대가 쌍성보를 탈환하기 위해 침공, 쌍성보는 다시 일·만군에 함락되고 말았다.

| 한국독립군이 점령했던 쌍성보의 동문(위)과 서문(아래)

지청천은 제2차 쌍성 진공을 결정했다. 1932년 11월 고봉림부대의 참모장 조린과 한국독립군 참모진은 쌍성보를 재차 탈환하기 위한 합동작전회의를 열었다. 이 회의에서 일부 병력을 쌍성보 교외의 철로변 요지에 매복시켜 일·만군의 증원부대를 차단하도록 하며 11월 17일을 기하여 총공격을 개시한다는 작전을 수립했다. 쌍성보 재공격의 중요한 동기 가운데는 군사전략적 요충지의 탈환 외에 월동기에 즈음한 연합군의 보급물자 확보도 작용했다.

11월 17일 오후 6시경 한국독립군과 고봉림의 연합부대는 다시 쌍성보를 공격했다. 작전계획에 따라 한국독립군은 주력부대의 일부로서 정면과 좌우 3면에서 공격에 가담했다. 전투 초기에는 일·만군의 저항이 거셌으나 성안에 잠입해 있던 편의대가 기습을 가하고 뒷산을 점령한 연합군의 산포대가 성 내에 집중 포격을 가하자 견디지 못하여 패주하고 일부는 투항했다. 이 전투에서 일본군 1개 중대가 거의 전멸했다.

쌍성보가 다시 한·중 연합군에 점령된 뒤인 11월 20일 하얼빈 주둔의 일·만군은 전투기까지 동원해 대대적인 반격을 개시했다. 한·중 연합군은 이를 예상하여 7개 주요 목에 부대를 분산 배치해 적군이 쉽게 접근하기 어렵도록 했다. 그러나 항공기와 대포 등 우세한 화력과 장비를 갖춘 일·만군의 맹공격으로 21일 저녁 고봉림 진영이 먼저 적군에 무너졌고, 한국독립군은 22일 새벽까지 무너져가는 전선을 독려하며 항전을 계속했으나 마침내 퇴각하지 않을 수 없었다. 한국독립군은 전투의 주력부대로서 두드러진 활약을 하였으나 피해도 컸다.

한·중 연합군은 쌍성보 동남쪽의 오상현 방향으로 퇴각했는데, 일·

만 양군은 전투기의 지원을 받으며 4일간에 걸쳐 추격의 고삐를 늦추지 않았다. 일본군 비행기의 공격이 소용없을 정도로 수림이 울창한 오상현 충하진에 이르러 한·중 연합군은 군열을 정돈하였다. 한·중 양군은 각기 대책회의를 열었다. 여기서 고봉림부대는 인명피해가 많은데다가 다수가 도주해 병사들의 사기가 극도로 저하되었으며, 군수물자도 부족해 월동의 어려움을 들어 적에 투항했다가 재기한다는 방침을 정했다. 이에 한국독립군은 고봉림의 항복을 극구 만류했으나 뜻대로 되지 않자 이들과 결별, 11월 27일부터는 독자적인 활동방침에 따라 행동했다. 그러나 한국독립군도 월동에 즈음하여 활동을 지속하기 어려움을 통감하고 일단 해산했다가 겨울을 넘긴 뒤 이듬해 봄에 재기를 기약하기로 했다. 총사령 지청천과 조경한·신숙 등 한국독립군 지휘부는 자신들을 끝까지 따르는 장병 40여 명과 함께 오상현 사하자 지방으로 이동했다.

한편 쌍성전투의 승리는 한국독립군 전체의 사기를 높였음은 물론 재만 한인들의 항일의식을 크게 고취시켰다. 이에 일제는 60만 원의 현상금을 내걸고 한국독립군 총사령 지청천을 체포하기에 혈안이 되었다. 그를 체포·귀순시키려는 일제의 마수는 당시 대석하에 거주하고 있던 가족에게까지 미쳤다. 지청천의 부인 윤용자는 남편과 아들 달수가 독립운동 때문에 집에 발길을 들이지 않은 이후 딸 둘을 데리고 농사를 지으며 힘겹게 살고 있었다. 일제는 친일 주구들을 이용하여 연일 그의 가족을 감시하고 때로는 변절자를 이용해 귀화를 종용했다. 윤씨 부인은 이러한 일제 당국의 집요한 공작을 뿌리치면서 남편의 무사와 한국독립군의 승전을 기원했다.

1932년 11월 29일 한국독립당·한국독립군의 지도부는 사하자에서 당군 중앙회의를 소집하여 군사활동을 동만주 지방으로 옮기고 한·중 합작을 강화한다는 내용을 의결했다. 이 결정에 따라 지청천은 강진해·공진원·심만호 3인을 한국독립군의 대표로 동녕현의 길림구국군 총부에 파견해 합작을 교섭케 했다. 길림구국군은 1932년 4월 조선에 주둔하고 있던 일본군 제19사단의 간도파견군이 출동한 뒤 활동에 타격을 받고 있었다. 그리하여 동만주에서는 왕덕림의 예하 오의성吳義成이 길림구국군 전방사령관 총사령 대리로 요진산姚震山, 시세영柴世榮 등의 잔존부대를 지휘하고 있었으나, 파견 당시 오의성은 부재중이었고 각 부대도 분열되어 독자적인 행동을 취하고 있었다. 다행히 1933년 1월 13일 한국독립군은 동녕 방면에서 후퇴한 길림구국군 제14사師 시세영부대와 연합하여 부대 명칭을 '중·한 연합토일군聯合討日軍'이라 했다.

　한국독립군은 사하자지방에서 병력을 징모·재소집하고 훈련에 열중하여 상당한 성과를 거두었다. 이에 한국독립군은 결의에 따라 먼저 동만주로 거점을 옮긴 후 해당 지역의 구국군과 연합하기로 했다. 한국독립군으로서는 만주국이 수립되면서 하얼빈 주변의 북만주 중심지가 점차 일·만의 세력권에 흡수됨에 따라 활동에 제약을 받게 되었고, 군대의 존립기반인 한인동포들도 현저히 줄어 큰 곤란을 겪게 되었다. 그러므로 일제의 직접적 영향권에서 벗어나 재기를 도모하기 위해서는 동포들이 다수 거주하고 있는 동만주와 중·소 변경지역으로 근거지를 이동시키지 않을 수 없었다.

　한편 총사령 지청천은 한국독립군의 항일을 지속적으로 공고히 하기 위해서는 중국 정부의 직접적인 원조와 관내에 있는 우리 독립운동 진영의 적극적인 협력이 필요하다고 생각했다. 이에 그는 1933년 2월 10일 참모장 신숙과 참모 김상덕을 남경의 국민당정부에 파견해 무기와 탄약 등에 대해 후원을 요청하도록 했다.

그런데 지청천이 구국군과 합작을 도모할 당시『동아일보』를 비롯한 국내 언론에는 그의 피살설이 크게 보도되기도 했다. 만주사변 이후 지청천이 한국독립군을 지휘하여 쌍성전투 등을 통해 일·만군에게 큰 타격을 주었음을 기술하면서, 동만으로 가서 왕덕림부대와 연합하기 위한 활동을 하던 중 피살되었다는 내용이었다. 피살설은 같은 해 4월에야 정정되었다. 같은 신문은 중국 상해의 동북군 통신처 정보에 근거해 지청천이 왕덕림부대(항일구국군)와 연합하여 한·중 연합군을 조직하고 한국독립군을 집중하여 지구전을 준비하며 활동 중이라고 보도했다.

대전자령전투, 독립군 사상 3대 승첩

1933년 2월 우가둔에 주둔하고 있던 한국독립군은 2월 28일경 길림구국군 제14사 시세영부대와 함께 동진하여 경박호 동쪽에 이르렀는데, 당일 일본군 약 1개 대대가 동경성을 출발하여 경박호 쪽으로 진격해 온다는 정보가 입수되었다. 지청천은 적의 통과가 예상되는 호수 주변 계곡의 양쪽 산기슭에 한국독립군을 나누어 매복시키고 대기했다. 예상대로 일·만군은 기병 1개 중대가 통과한 후 후속부대가 빙판 위를 행군, 연합군의 매복지점에 도달했다. 한·중 연합군은 적을 향해 일제 사격을 가했다. 불의의 기습을 받은 적은 제대로 응전하지도 못하고 사방으로 패주했다.

연합군은 적을 추격하여 2시간 만에 적 1개 대대를 거의 전멸시켰다. 경박호전투는 한국독립군이 동만주 지역으로 이동하던 중 일·만군과 조우하여 전개한 것으로, 한국독립군은 동만주에서 치른 최초의 전투에서 완승을 거두었다. 한·중 연합군은 사도하자에 주둔하며 징모를 계속하고 훈련에 힘을 기울였다.

1933년 4월 한·중 연합군은 영안현 주둔 일·만군 연합부대가 공격해 온다는 정보를 입수했다. 이에 한·중 연합군은 적군을 유인하여 포위·섬멸시킬 계획으로 병력을 넷으로 나누어 적을 역습하고자 했다. 4월 15일 새벽에 예상대로 적 1개 부대가 영안현 남쪽 황가둔에서 이도하자 방면으로 오고, 다시 사도하자를 침범하여 완전히 한·중 연합군의 사정권 내로 들어오자 이때를 기해 총공격을 가했다. 한·중 연합군의 총공격으로 적의 과반수가 섬멸되고 잔당은 금창구 방면으로 도주했다. 연합군은 다량의 군수물자를 확보하고 부대를 정돈한 후 주둔지로 돌아왔다. 이에 앞서 경박호전투 직후 한국독립군이 추자구에서 머무를 때 이구二溝에 주둔하고 있던 시세영이 한국독립군 본대를 방문, 발해의 고도이며 동만주의 전략적 요충지인 동경성을 공격하기로 합의한 바 있었다.

6월 7일 한·중 연합군은 부대를 셋으로 구분하여 동경성을 공략했다. 이때 편의대를 성내에 미리 침투시켜 내응하도록 조치했다. 제1로는 기병으로서 마안산馬鞍山을 경유하여 목단강 연하沿河의 산릉 일대로 진출케 하고 허장성세로 적이 동경성을 지원하지 못하게 했으며, 만약 적이 증원을 나오면 영안현성으로 진공하도록 했다. 제2로는 1려旅로서 영안현성과 동경성 사이에 매복케 하여 교량과 전선 등을 먼저 폭파·절단해 원병을 차단하게 했다. 제3로는 주력군으로서 좌·우익으로 나누어 동경성을 협공하게 했다. 그리하여 당일 저녁 공격을 개시하여 3시간 가량 격전을 벌인 끝에 서문 공격을 담당한 한국독립군이 먼저 성문을 격파하고 성내로 진입했다. 적은 전세가 불리함을 알고 북문으로 도주했으나 복병에 의해 전멸되었다. 만주국군 여장旅長 마도재馬道才는 수 명을 데리고 겨우 도망쳤고, 나머지도 대부분 항복했다.

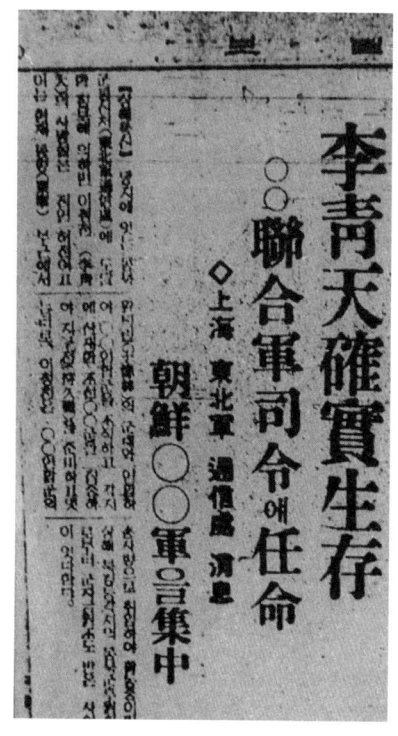

| 지청천의 사망설 정정 및 동북 한중연합군 총사령 임명기사(동아일보, 1933. 4. 7)

한국독립군은 동경성전투 후 왕청현 동북 방향과 왕청현·동녕현 사이의 산악지대로 이동했다. 이 무렵 경박호전투·사도하자전투·동경성전투를 통해 타격을 입었던 일제는 한국독립군의 이동 경로를 다음과 같이 추적하고 있었다.

구국군 : 300명, 왕청현 춘명향春明鄕 소왕청 부근에 칩거 행동중인 구국

| 한국독립군이 중국군과 연합해 일본군과 격전을 벌였던 대전자령

군 이영장李營長 일파의 비적 약 300명은 영안현 방면으로 이동

이영장은 지청천(이청천)을 지칭하는 것으로 판단된다. 한국독립군을 구국군으로 파악하고 있는 것은 한·중 연합의 군대 편제상 자연스러운 관찰이었다.

한국독립군은 동경성에서 철수하여 왕청현의 산악지대를 거쳐 1933년 6월 하순경 노송령을 넘어 동서검자에 이르렀다. 이 무렵 한국독립군은 왕청현 대전자(나자구)에 주둔하고 있던 일본군 제19사단(조선주둔군)의 '간도파견군'이 국내로 철수한다는 정보를 입수했다. 이 간도파견군은 항일반만군을 진압하기 위해 파견된 일본군이었다. 이들은 1932

년 4월 3일 동만주지역에 출병하여 만주국 군경을 지원하며 항일군 '토벌'에 종사해 왔다.

1933년 중반에 접어들어 간도파견군과 일·만 당국의 끊임없는 '토벌'로 반만항일군은 적지 않은 타격을 받고 활동이 위축되었다. 이에 일제는 어느 정도 '토벌'의 효과를 거두었다고 판단하여 연변 일대의 치안을 만주국 측과 본래의 위수 구역 담당군인 일본 관동군에 그 임무를 넘기고 조선으로 철수하려 했다. 간도파견군은 관동군 소속 간도지구 경비대와 교대할 예정이었다. 1933년 6월 25일 관동군 경비대가 연변에 들어오자 간도파견군은 6월 28일부터 조선으로 철수를 개시했다. 철수 소식을 접한 한·중 연합군은 3일간 100여 킬로미터를 행군하여 6월 28일경 대전자 북방 4킬로미터 지점인 노모저하에 당도했다. 대전자는 수분대전자 또는 나자구로 불리는 곳으로, 연변에서 연해주로 들어가는 길목의 요충지였다.

일본군은 1년 2개월 간 체류했던 나자구의 주둔지에서 그들이 사용했거나 비축하고 있던 많은 군수물자를 싣고 귀환하기 위해 근처의 주민들로부터 우마차를 강제로 징발하기 시작했다. 이에 한국독립군은 첩보대를 파견하여 일본군 화물자동차의 수·징발된 우마차의 수·이동노선·출발일시 등을 정탐하게 했다.

지청천은 일본군의 철수경로를 판단하고자 심사숙고했다. 대전자에서 일본군이 빠져나오는 길은 둘이 있는데 하나는 훈춘으로 가는 우회로이고, 하나는 백초구를 경유하는 험악한 산악길이었다. 백초구로 이르는 길은 깎아 세운 듯한 절벽이 양편에 솟아있고 그 위에는 숲이 울창하게 우거져 행군도 일렬종대로 지날 수밖에 없는 약 40리의 꼬불꼬불한 길이었다. 이에 총사령 지청천은 일본군이 빠른 행군으로 목적지로 갈 것이라고 판단하여 험악하지만 산악길을 택할 것을 예상했다. 한·중 연합군은 적을 유리한 곳에서 무난하게 매복·공격할 수 있는 지점을 선정해 부대를 배치하기로 했다. 이에 따라 한국독립군은 6월 말 대전자 서쪽 화개산을 우회하여 적의 통과 예상지점인 대전자령(태평령)의 양편 산허리에 매복했다. 그리고 만일을 대비하여 일부 부대를 다른 길에도 매복시켜 적이 예상된 길로 들어서지 않을 경우 후미를 기습한다는 작전계획도 세웠다.

　이 전투에 한국독립군은 주력부대 500여 명, 길림구국군은 2천여 명이 참가했다. 한국독립군은 주력으로서 300여 명이 고개의 정상에 배치되고, 고개의 입구와 출구에는 한국독립군 100여 명씩과 길림구국군이 혼합 배치되었다. 한·중 연합군은 계곡 양편 산기슭에 구축되어 있는 참호 속에 매복·대기하여 습격 준비를 완료했다. 한국독립군은 쌍성보전투를 비롯해 여러 차례 크고 작은 전투를 치르면서 많은 전과를 올렸지만, 상대는 주로 만주국군을 위주로 한 일·만 연합군이었다.

　이에 반하여 이번 대전자령전투는 전적으로 일본군과 전투였다. 따라서 전투에 임하는 한국독립군의 자세는 다른 전투와는 사뭇 다를 수밖에 없었다. 지청천은 전투에 앞서 한국독립군 장병들에게 다음과 같이 훈시했다.

　"대전자령의 공격은 이천만 대한 인민을 위하여 원한의 복수를 하는 것이다. 총알 한 개 한 개가 우리 조상의 수천, 수만의 영혼이 보우保佑하여 주는 피의 사자이니 제군은 단군의 아들로 굳세게 용감히 모든 것을 희생하고 만대 자손을 위하여 최후까지 싸우라."

이어서 그는 다음과 같은 작전 개요를 독립군 장령들에게 하달했다.

① 공격 개시는 적군의 후방이 태평령 고개 3분의 2 이상의 지점에 도달할 때 총사령의 신호에 의해 개시할 것
② 일본군에게만 공격하고 적재된 군용품에는 손해가 없도록 극히 주의할 것
③ 탄환은 풍부하니 각자 300발 이상을 준비하여 사격 개시 전에는 침묵을 지킬 것
④ 적군의 전멸 후에 군용품 몰수에는 명에 따라 차례차례 정리에 착수할 것

한국독립군은 일본군이 연합군의 매복지점을 통과하기를 기다렸으나 출발하기로 한 6월 28일 아침 폭우가 쏟아져 일본군의 출발이 3일간 지연되었다. 이에 한·중 연합군은 일본군에 노출되지 않도록 비밀유지에 노력하며 적의 통과를 끝까지 기다렸다. 마침내 6월 30일 비가 개이자 일본군은 나자구를 출발했다. 연대 규모의 간도파견군 철수에는 많은 화물 수송 자동차가 동원되었다. 그리고 중간 중간에 징용된 우마차가 섞여 있었다. 이동경로는 한국독립군이 예상한 대로 험악한 대전자령이었다. 선두는 자동차 부대, 가운데는 우마차의 행렬, 후방에는 다시 자동차 여러 대가 뒤를 이었다. 당시 간도파견군의 병력은 보병·포병·

기병·공병의 혼성 2개 대대 규모를 합친 1,300명 가량이었으나, 회령으로부터 간 화물호송대 병력을 합하여 1,500여 명에 이르렀고, 수많은 화물자동차와 우마차가 군수물자를 수송하였다. 이윽고 오후 1시경, 일본군의 전초부대가 통과한 뒤 화물자동차를 앞세우고 계곡으로 본대가 들어오기 시작했다.

일본군의 후미부대가 한·중 연합군이 매복한 골짜기 안으로 완전히 들어선 뒤 총공격을 개시하기로 약속되어 있었으나 시세영부대의 일대가 적의 후미부대가 다 들이오기도 전에 사격을 가하기 시작했다. 이에 한국독립군도 일제히 총공격을 개시했다. 한국독립군은 사격과 함께 바위를 굴러내려 일본군을 살상시키고 자동차·우마차를 파괴하거나 운송 불능의 상태에 빠뜨리며 적을 완전히 포위·고립시켰다. 불의의 기습을 받은 일본군은 고지를 향하여 사격을 가하며 산발적인 저항을 시도했지만 지형이 불리한 데다 일사불란한 응전을 할 수 없었기 때문에 효과를 내기가 어려웠다. 반면에 한국독립군과 시세영부대는 절대적으로 유리한 지형에서 집중적이며 조직적으로 맹공을 퍼부어 일본군에 막대한 피해를 안겨주었다. 결국 매복에 걸려든 간도파견군의 많은 병력은 중무기와 차량 등을 방기한 채 도주를 시도했으나 거의 궤멸되었다.

대전자령전투는 4~5시간에 걸쳐 치열하게 전개된 혈투였다. 이 전투에서 한·중 연합군은 약 2개 대대 병력의 일본군을 완전히 격파하는 빛나는 승전을 거두었다. 일본군은 이 전투에서 많은 병력이 살상되거나 패주하여 치명적인 손상을 입었으며 일부 부대가 겨우 빠져나가는 데 그쳤다. 뿐만 아니라 막대한 군수물자를 연합군에 빼앗겨 물질적으로도 커다란 손실을 입었다. 대전자령 계곡에서 가까스로 빠져나간 일본군의 일부 병력과 화물자동차·우마차 등의 호송대는 6월 30일 오후에 화피전자 동쪽에서 약 400명의 연합군(한국독립군인지 혹은 길림구국군인지는 불명)과 또다시 교전했다. 이후에도 다른 군소 반만항일부대에게 수차례 습격을 받으며 7월 4~5일경에야 가까스로 백초구에 도착했다.

이 전투에서 한국독립군이 쾌승을 거둘 수 있었던 조건 가운데 하나는 연수전투·쌍성전투에서 한·중 연합군을 괴롭히던 일본군 비행기의 공습이 없었던 점도 작용했다. 원래 간도파견대에는 4기의 비행중대가 있었으나 목적을 달성했다고 판단한 일본군사령부는 대전자령전투 이전인 4월 18일과 24일 두 차례에 걸쳐 원대에 귀환시켰다.

일본군이 나자구에서 철수하다 대전자령에서 막대한 피해를 입고 조선으로 패퇴한 뒤 나자구 일대는 길림구국군과 한국독립군의 유력한 근거지가 되었고, 일제는 이 전투에서 주력으로 활약한 한국독립군의 존재를 재인식하게 되었다.

민족파 불령단의 대두 : 화전현 지방에 근거하여 조선 독립을 표방·행동하여온 불령 국민부 군사부장 이청천 일파는 소화 5년(1930) 이래 공산당의 압박에 의해 소련령 송전관松田關 지방에 잠입하여 침묵하여 왔으나, 근년 공산파가 반만항일공작에 기울어 민족주의와 공통되는 점이 있자 최근 다시 대두하여 왕덕림 반란부대 잔당 장광복張光福 등과 기맥을 통하여 동지 200명을 규합, 중한혁명군 반일철혈단이란 것을 조직하여 액목현 도림하都林河 지방에 근거하여 간도평야 진출의 기회를 엿봄

위의 내용은 이청천을 국민부 군사부장으로, 한국독립군과 연합한 중국군 부대를 장광복부대로, 활동무대를 액목현 지방으로 잘못 인식하고 있다. 그러나 한국독립군 총사령 지청천 등의 활약에 따른 세력의 대두와 이에 따른 경계를 반영하는 것은 분명하다고 하겠다.

한·중 연합전선의 종언

대승을 거둔 한국독립군은 약 2개월여 대전자에서 휴식을 취하면서 전리품을 분배한 후 무장을 강화하고 훈련을 실시하는 등 부대의 전력 강화에 힘을 기울였다. 그런데 이 무렵 백두산 근처의 안도현 일대에서 활동하고 있던 길림구국군 대리 총사령 오의성은 대전자령전투에서 한·중 연합군이 대승했다는 소식을 듣고 부대를 이끌고 대전자(나자구) 부근으로 이동해 왔다. 그동안 독자적으로 활동해 오던 시세영부대는 오의성 휘하에 통합되었고, 한국독립군도 오의성이 지휘하는 구국군 부대와 협동하게 되었다. 이러한 한국독립군과 오의성부대와 연합에 대해 일제는 다음과 같이 기술했다.

> …… 구국군 전적前敵 총사령 오의성 일파는 사산한 부하 천여 명을 규합하여 재소 왕덕림과 연락, 소련 측으로부터 무기, 탄약, 군사교관 등의 원조를 받고 일면 공비, 민족계 불령선인, 북경반일회 등과 기맥을 통하여 장기 항일을 표방, 기세를 올리며 ……

한·중 연합군은 각 부대가 연합해서 병력이 크게 증가하자 적에게 큰 타격을 주고 연합군의 군세를 확장하기 위해 군사상 요충지인 동녕현성을 공격할 계획을 세웠다. 동녕현성은 1930년대 초 한때 왕덕림이 이끄는 길림구국군의 주요 근거지이며 한인 민족주의자들의 기반이었다. 그러나 1933년 9월 초순부터는 약 500명의 일본군과 1,500여 명의 만주군, 기타 많은 수의 경찰과 자위단이 주둔해 있었다. 이들은 대포와 장갑차 등 현대적 무기를 갖추고 있었으며 성 안에는 견고한 방어시설이 구축되어 있었다. 동녕현성은 정치·군사상의 요충지였고, 적군의 병기창과 군수품 저장소가 있어 연합군이 군수물자를 획득하기에도 적당한 곳이었다.

9월 6일 나자구로 이동해 온 한국독립군은 오의성 휘하의 시세영·사충항史忠恒·김산 등의 부대 및 중국공산당의 훈춘·왕청유격대 한인부대와 연합하여 동녕현성을 공격했다. 이들의 총병력은 1,500여 명에 달했다.

동녕현성 서문의 일본군 수비는 강하다고 예상되었다. 게다가 서문 밖의 서산포대西山砲臺는 포격으로 서문의 일본군을 지원할 터였다. 따라서 연합작전에서 언제나 선봉에 섰던 한국독립군은 구국군 사충항부대와 연합하여 수비가 강한 서문을 공격하고, 서산포대의 포격을 무력하게 만들기 위해 중국공산당 유격대가 서산포대를 점령하기로 했다. 비교적 수비가 약하다고 예상되는 동문과 남문은 구국군 시세영부대와 김산부대가 공격을 담당하기로 했다.

밤 9시경 한·중 연합군은 공격을 개시했다. 과연 서문의 일본군의 저항은 강고했다. 게다가 서산포대의 포격은 끊이지 않았다. 한국독립군과 사충항부대는 많은 희생을 치르는 전투 속에 서문을 돌파하는 데 성공했다. 그 사이에 중국공산당 유격대도 격전 끝에 서산포대를 점령했다. 동문과 남문을 공격한 구국군은 비교적 수월하게 성문을 뚫고 시가지로 진입했다. 시가지에서도 적의 저항은 이어져 전투는 이튿날 아침까지 계속되었다.

연합군은 이 전투에서 성을 세 방면에서 돌파해 거의 점령했고, 적은 성 내의 한 구석을 차지하고 계속 저항했다. 성 안의 만주군은 연합군이 성에 들어와서 군수물자를 약탈하지 않으면 저항하지 않겠다고 연합군과 '약속'했으나, 동문과 남문으로 진입한 일부 중국군이 약속을 어기고 군수물자를 약탈하자 격렬하게 저항했다. 여기에 일본군이 합세하여 대포와 장갑차를 앞세우고 반격해 왔다. 연합군은 점차 수세에 몰렸고 결국 일·만군의 증원부대가 내원할 것을 우려해 성에서 철수했다.

동녕현성 전투에서 한·중 연합군은 상당한 피해를 입었다. 특히 서문을 공격했던 한국독립군과 사충항부대는 적의 포격으로 많은 희생이 있었다. 독립군 군의감 강진해 등 수십 명이 전사했고, 독립군 총사령 지청천과 구국군 려장 사충항이 부상을 입었다.

동녕현성 전투 이후 한국독립군은 시세영부대 등과 함께 나자구에 주둔하게 되었다. 그런데 오의성부대 안에는 한인 주축의 별동대, 중국공산당 계열의 왕청·훈춘유격대 일부 병력 등이 혼합되어 있었다. 특히 참모장 주보중은 중국공산당원 호택민胡澤民·왕윤성王潤成·왕송백王松栢·진한장陳翰章(오의성부대 비서장) 등과 함께 부대 내의 통일전선과 공산화 공작을 진행시키고 있었다. 또한 사충항·시세영부대 안에도 중국공산당의 한인 공산주의자들이 있었다. 따라서 민족주의 이념으로 무장한 한국독립군은 이들과 대립하게 되었고, 주보중의 영향력이 증대하고 있던 오의성부대 안에서 점차 고립되었다.

나아가 시세영 등은 한국독립군에 대해 독자성을 포기하고 길림구국군에 완전히 합류할 것과 독립군 무장의 반수 이상을 자신의 부대로 넘기라는 무리한 요구를 여러 차례 강요했다. 시세영의 이러한 요구는 대전자령전투 이후 군수물자 분배 당시 한국독립군과의 사이에 발생한 반감에서 비롯되었다. 이러한 요구가 즉각 거절되자 양측 간 감정의 골은 깊어만 갔다. 이러한 상황에서 대전자령 및 동녕현전투에서 큰 피해를 본 일본군이 머지않아 반격해 오리라는 정보가 입수되었다. 이에 한국독립군은 구국군 각 부대의 장교들과 이에 대한 방어계획을 협의했다. 그 결과 한국독립군은 총사령 지청천 등의 반대에도 불구하고 주보중 등이 주장한 작전계획에 따라 4개 부대로 분산 배치되었다.

같은 해 10월 주보중은 오의성의 명령을 빙자하여 시세영부대 소속 약 2개 사師를 동원해 한국독립군 사령부를 기습, 포위하였다. 그리하여 이들은 지청천 총사령 이하 사령부 간부 등 80여 명을 구금한 뒤 다수의 병력을 동원하여 4개 처에 분산 배치되었던 한국독립군 부대를 포위하고 전원 무장해제를 강요했다. 이러한 불미스러운 사태로 한국독립군은 장교 등 330여 명이 체포되어 대전자 시가에 구금되었고, 다수의 대원이 흩어져 도주했다. 무장을 해제당한 한국독립군은 최대 위기에 봉착했다.

한국독립군의 위기는 길림구국군 대리 총사령 오의성이 한국독립군의 무장해제가 주보중 등의 음모임을 깨닫고 이들을 응징·축출함으로써 해소되었다. 체포·구금되었던 한국독립군은 동년 10월 초순경 풀려났고 압수당한 무기도 되찾았다. 이에 한국독립군은 다시금 재기를 기도했으나 이미 다수의 장병이 구국군의 포위를 벗어나기 위해 사방으로 흩어져 도피한 데다 구국군에 대한 배신감이 깊어져 더 이상 공동보조를 취하기가 어려운 지경에 이르고 말았다. 결국 한국독립군의 잔여 병력은 오의성부대와 결별하고 독자적으로 행동하게 되었다.

이 시기 동만주 일대는 유격대의 근거지인 소비에트가 다수 조직되는 등 공산주의 세력이 증대되고 있어 한국독립군은 지지기반을 재건하기가 어려웠다. 또한 대전자령 전투에서 큰 피해를 본 일본군이 10월에 들어서 국경 부근에서 대대적인 한국독립군·길림구국군 '토벌'에 나섰다. 이어 11월에는 한·중 연합군의 근거지였던 나자구를 대대적으로 공격할 계획이었다. 이 무렵 한·중 연합군의 항일근거지였던 나자구에서의 활동은 점차 어렵게 되어갔다.

한·중 연합의 해체로 한국독립군이 곤경에 처해 앞으로의 활동 계획을 고심할 무렵, 대한민국임시정부 주석 김구의 밀사가 도착했다. 곧 낙양에 군관학교를 세울 계획이니 한국독립군 장령들이 중국 본토로 이동해 달라는 요청이었다. 한국독립군은 이 안을 두고 협의했다. 그 결과 일단 본토로 이동하여 활동 여건이 조성되면 군관학교를 통해 무장력 강화를 도모하고, 여의치 않으면 다시 만주로 돌아오기로 했다. 장령 일부는 산해관을 넘고 일부 부대는 장기항전을 다짐하며 산속으로 들어갔다.

이로써 1931년 만주사변으로 촉발된 일제의 만주 침략을 계기로 굳건하게 연대해 활동해 온 한·중 연합전선은 종언을 고하게 되었다.

5
한국광복군 총사령

낙양군관학교 한인특별반 책임자

1933년 11월 지청천은 10여 년 동안 항일투쟁을 전개해온 만주를 뒤로 하고 중국 관내지역으로 이동했다. 관내지역 독립운동 진영에도 적지 않은 변화가 있었다. 1932년 4월 29일 상해 홍구공원에서 윤봉길의 의거로 한국 독립운동에 대한 중국인의 인식이 새로워졌고 이후 여러 방면에서 원조가 이어졌다. 그리하여 1933년 전반기 박찬익과 중국 측의 진과부陳果夫 두 사람의 주선으로 대한민국임시정부 김구 주석과 중국국민당 장개석 위원장의 면담이 성사되었다. 면담 후 김구는 이른바 특무공작계획서를 작성해 제출했으나 장개석은 무관학교 설립을 제시했다. 이에 김구도 적극 찬동하면서 낙양洛陽에 한인군관학교 설립을 추진하게 되었다.

김구는 국민당 정부와 한인특별반 개설에 합의한 뒤 군사교관을 물색하는 한편 북경·천진·상해 등지에서 입교생 모집에 착수했다. 이때 그는 만주사변 이래 무장활동의 난관에 봉착해 있던 재만 한국독립군에 주목하여 총사령 지청천과 간부들을 한인특별반 교관으로 초빙하기로 했다. 이와 같은 사정을 김구는 『백범일지』에 다음과 같이 적고 있다.

> 장소는 낙양분교로 하고, 학교 발전에 따라 자금을 지원한다는 약속 하에 1기에 군관 100명씩을 양성하기로 결의하였다. 이에 따라 동북 3성에 사람을 파견하여 옛 독립군들을 소집하니, 이청천·이범석·오광선·김창환 등 장교와 그 부하 청년 수십 명, 중국 관내지역의 북경·천진·상해·남경 등지에 있던 청년들을 총집결하였다.

지청천은 김구의 요청을 받고 이규채와 김상덕 등을 파견하여 교섭하게 하는 한편, 이 기회에 북만주의 한국독립당 본부도 관내 지역으로 이동했다. 이규채는 남경에서 박찬익을 만나 북만주 한국독립군의 이동문제를 협의한 후 김구가 전해준 한국독립군의 이동경비를 수령했다. 박찬익과 이규채가 지청천 일행을 만주에서 '구출' 혹은 '구원'했다고 표현할 정도로 만주의 상황은 절박했다. 이규채는 이 경비를 가지고 다시 만주로 가서 그간의 소식을 전했다. 이에 지청천·오광선을 비롯한 39명은 1933년 11월 노동자로 변장하여 2~3명씩 조를 이루어 적의 경계망을 뚫고 북경으로 이동 후 곧바로 낙양으로 가서 한인특별반의 교관으로 부임했다.

한인특별반 참여와 함께 지청천은 본래 근거지인 만주지역을 무대로 입교생 모집활동을 병행했다. 그는 북경에 김원식을 책임자로 하는 입교생 모집기관을 설치하고, 김원식은 북경 덕승문德勝門 안 회문공우會文公

寓 9호를 거점으로 길림성 일원의 한인사회를 대상으로 모집활동을 전개했다. 하지만 입교생 모집활동은 일제 간도총영사관 경찰부에 탐지되어 3월 말에서 4월 초 사이에 11명이 체포되면서 좌절되었다. 다행히 7명은 검거망을 피해 북경을 경유하여 남경으로 이동, 지청천 일행에 합류했다.

1934년 2월 28일 중국 중앙육군군관학교 낙양분교에서 한인 훈련생 92명으로 1개 군관생도반이 특설됨으로써 본격적으로 군관 양성활동이 시작되었다. 이 가운데에는 한국독립군 출신이 가장 많았고 김구가 38명을 입교시켰으며 김원봉은 15명을 입교시켰다. 또한 한국독립당도 4명을 입교시켰다. 1934년에 설립된 낙양분교의 교장은 한국 독립운동과도 인연이 깊은 축소주祝紹周였고 한인특별반의 공식 명칭은 '중국 중앙육군군관학교 낙양분교 제2총대 제4대대 육군군관훈련반 제17대'였다. 1~16대는 중국 군관 훈련생이고 17대가 한인 청년들을 위해 특별 편제한 부대였다.

지청천은 낙양분교 한인특별반의 총책임자로서 군사훈련을 지도했다. 또한 낙양분교의 교무위원을 겸하여 중국군과 대외교섭도 담당했다. 분교 교육과장인 육군 소장이 지청천의 일본육사 동기생이었다는 것도 그가 낙양분교에서 중국 측과 교섭하는 데 이점으로 작용하였다. 그 외에 김구가 고문역을, 이범석은 학생대장, 오광선은 학생반장으로 임명되었다.

낙양분교 한인특별반의 교과내용 등은 중국 군관학교의 교육 내용이 적용되었다. 교과는 정치훈련과 전술에 치중되었고 내무교양 등의 학과도 있었다. 지형학·축성학·전술학·병기학·통신학·중병기학·정치학·각국 혁명사 등의 학과와 체육·체조·무술·검술·야간연습·야영연습·보병조전步兵操典·사격 등의 술과가 있었다.

그런데 실제 교육에 들어가면서 교육 내용을 두고 한·중 양측의 의견 차이와 갈등이 발생했다. 낙양분교 측은 한인 학생들에게 삼민주의 교육을 강요했다. 이에 반해 지청천 등 한인 교관들은 한국 독립운동에 요구되는 독자적인 정신교육을 강조했다. 조직체계상 낙양분교의 입장을 외면할 수 없는 상황이었지만, 지청천 등 한인 교관들은 개교 때부터 독자적인 교육 운영을 시도했다. 결국 군사와 정치교육은 한인 교관이 담당하고, 중국은 운영경비를 지원하는 것으로 절충되었다. 이에 따라 실제 교육에서 국민당 정부의 영향력이 줄어들고, 지청천 등 한인 교관들이 주도적인 역할을 했다.

1934년 3월 1일 3·1운동 기념식이 거행되었다. 학생대장과 학생반장·학생들이 모두 집결한 낙양분교 강당에서 지청천은 다음과 같은 정신 훈화로 투쟁의욕을 고취시켰다.

"오늘은 조선 민족이 독립운동의 첫 소리를 낸 날로서 잊어서는 안 될 기념일이다. 우리는 금일의 의기로 목적을 달성하기 위하여 적극적으로 활동해야 한다. 오늘은 이 자리에서 간단하게 식을 거행하지만 본국 안에서 성대한 기념식 축전을 거행하는 날이 바로 조선을 독립시킬 수 있는 날이라고 믿는다."

그러나 낙양분교 한인특별반 운영에는 안팎으로 난관이 닥쳤다. 먼저 내부적으로 입교생들 사이에 의견 대립이 존재했으나 이것을 극복하

| 김구

| 김원봉

지 못했다. 낙양분교에는 지청천, 김구, 김원봉 등의 지도를 받는 청년들이 입교했는데, 입교생들은 지도자들 사이의 입장 차이를 효과적으로 극복하지 못했던 것이다. 지청천과 김구 계열 청년들은 민족주의 성향을 띠고 있었고, 김원봉을 따르는 청년들은 의열단의 간부학교 등을 통해 어느 정도 사회주의 사상을 수용하고 있었다. 더욱이 세 계열 간에 세력 확장을 위한 경쟁이 일어나면서 갈등이 쌓였다.

또한 이원적인 한인특별반의 지휘체계는 결과적으로 지청천과 김구의 주도권 경쟁을 야기했다. 특별반 운영은 김구가 총괄했고 국민당정부의 지원금 역시 김구에게 교부되었다. 반면에 교육훈련은 지청천 등 교관단이 주관했다. 지청천은 입교생 통솔에서 중심적인 역할을 수행했다. 그는 휘하의 재만 한국독립군 출신 입교생들을 기반으로 현실적인 리더십을 발휘했다. 한국독립군 중대장이었던 고운기(공진원)가 조직한 비밀결사 한국군인회는 낙양분교 한인특별반 내 지청천의 주요 기반이 되었을 뿐만 아니라 훈련이 진행되면서 지청천은 입교생들의 신망을 한 몸에 받게 되었다. 결국 자파 학생들이 사회주의에 경도되거나 다른 세력으로 넘어가는 것을 우려하여 김구는 자신이 추천한 입교생들을 전부 철수시켰고, 이에 지청천과 이범석, 오광선 등 교관들도 사직하고 말았다.

낙양군관학교의 활동이 예상 밖으로 어긋나게 되자 지청천은 고심하게 되었다. 재정은 부족하고 활동의 제약을 받았던 것이다. 그가 중국 관내로 올 때 앞날을 어둡게 했던 가장 큰 약점은 재정문제였다. 지청천을 만주에서 초빙했음에도 불구하고 김구의 지원은 충분하지 않았다. 당장 타개책이 보이지 않는 독립운동의 전망과, 낙양군관학교 학생들의 향배와 관련하여 진행된 김구와의 대립으로 지청천은 밤에 잠을 이루지 못하고 고심하는 피곤한 날을 지속하기도 했다. 고심의 결과 낙양군관학교에서 학생들을 철수시키지 않았던 김원봉이라면 우선 운동의 힘을 합할 수 있으리라 생각하고 협동을 구상했다. 김원봉은 이를 김구를 견제할 호기로 간주하여 지청천을 원조했다. 이때부터 1937년 민족혁명당을 탈당할 때까지 지청천은 김원봉과 협조·갈등관계를 이어갔다.

신한독립당, 민족혁명당 군사부장

지청천을 비롯하여 관내 지역으로 이동해 온 재만 한국독립당 세력은 낙양분교 활동을 통한 군사인재 양성을 추진하는 한편, 관내 독립운동 진영의 각 정당과 통합운동을 전개해 항전력을 강화하고 당세를 확장하고자 했다. 1934년 2월 25일 남경에서 재만 한국독립당의 홍진·김원식·지청천·조경한 등 간부 및 청년당원 40여 명은 남경에서 조직된 한국혁명당의 윤기섭·성주식 등과 협의하여 양 당을 해체하고 새로운 통합정당으로 신한독립당新韓獨立黨을 조직하기로 했다. 윤기섭·성주식 등은 일찍이 신흥무관학교 교관을 했거나 만주지역에서 초기 무장투쟁에 참여했던 경험을 재만 한국독립당 간부들과 공유하고 있었다. 이런 점에서 신한독립당은 중국 관내지역에서 활동하던 만주 인사들의 결집체였다.

같은 해 3월 1일 남경에서 홍진·김원식·김상덕·신숙·이규채 등 한국독립당 대표와 성주식·윤기섭 등 한국혁명당 대표가 회합하여 신한독립당의 당의黨義·당강黨綱·당략 등을 결정했다. 당강 가운데 '토지와 대생산 기구의 국유화'라는 내용이 주목되는데, 이것은 당시 독립운동 진영에서 일반적인 사회경제 정책으로 채용한 것이었다. 실제로 관내의 민족혁명당·한국국민당·한국독립당의 경제정책, 화북 조선독립동맹의 강령, 대한민국임시정부의 건국강령 등에 모두 '토지와 대기업의 국유' 내용이 보인다. 이들은 또한 '국민개병제'의 채택과 피압박 민족해방운동의 단결도 선언했다. 그리고 독립운동의 실천방안이라고 할 수 있는 당략에는 무장항일과 대중운동의 결합, 혁명역량의 대동단결, 전세계 각국과의 연합전선 결성 등의 내용을 담았다.

그런데 낙양분교 한인특별반 신한독립당 계열의 입교생들이 지청천을 '당주黨主' 혹은 '맹주盟主'로 추대하고 심지어 '영수領袖'라는 호칭을 썼던 것에서 볼 수 있듯이 신한독립당은 실질적으로 지청천이 주도했다. 일제 정보당국도 그를 신한독립당의 '수령'으로 파악했다. 이런 배경에서 한인특별반 신한독립당 계열 입교생 35명은 전부 지청천이 부장으로 있던 신한독립당의 군사부로 조직되었다. 50여 명의 당원 가운데 군사부 부원이 40명에 가깝다는 것에서도 신한독립당은 지청천이 주도하고 있다고 보아도 무리는 아니었다. 『동아일보』(1935년 3월 2일자)의 다음 기사는 이를 말해주는데, 여기서 신한○○당은 신한독립당을 가리킨다.

직접파 양성은 이청천이 직접 담당

…… 모처 착 정보에 의하면 신한○○당의 군대 양성계획은 이청천의 수중에서 실현되고 있다 한다. ……

지청천은 만주지역 항일무장운동과 연계도 계속 추진했다. 처음에 지청천이 중국 관내로 이동해 온 것도 이곳에서 세력을 보존하고 여건이 호전되면 다시 만주로 돌아가 항일투쟁을 계속하기 위해서였다. 이것은 주로 만주의 반만항일군과의 연계로 나타났다. 특히 낙양분교 입교생의 과반수가 만주에서 모집해 온 청년들이었기 때문에 이들이 졸업한 뒤에는 다시 만주로 들어가 반일활동을 진행한다는 것이었다. 또한 북경에 신숙과 이규채를 체류시켜 만주와 중국 관내의 원활한 연계를 도모하고자 했다. 1934년에 지청천은 이춘암을 북경에 파견해 하북성 주석 우학충于學忠과 회견하고 북방 교란계획을 협의했다. 이와 관련하여 그는 만주 각지 의용군과 연계를 만들기 위해서도 노력하였다. 1935년 4월 제1기생을 배출한 채 일제의 항의로 낙양분교 한인특별반이 폐지된 뒤에도 지청천은 지속적으로 군사훈련을 실시했다. 즉 1935년 4월 남경의 신한독립당 안에 '청년 군사간부 특훈반'을 설치하고 총책임자로서 청년들의 훈련을 지도했다.

무장활동과 더불어 신한독립당은 독립운동 진영의 통일을 위해 노력했다. 중국 관내 독립운동 진영의 연합전선 구축을 위해 '한국대일전선통일동맹'(통일동맹)에 참여한 것이다. 통일동맹은 1933년 11월 만주사변 이후의 긴급한 과제인 전선 통일문제를 해결하고 독립운동을 보다

힘있게 추진하기 위해 조직되었다. 이유필·송병조·김두봉·최동오·윤기섭·신익희·한일래·박건웅·김규식 등 9인의 발기로 신한독립당과 상해 한국독립당(일부), 조선혁명당, 의열단 등이 구성단체로 참여했다. 1934년 현재 통일동맹은 송병조·김두봉·김규식·최동오·윤기섭·윤세주가 상무위원으로, 지청천을 비롯하여 김원봉·이광제·김학규 등은 간부로 참여했다.

통일동맹은 1934년 3월 1일 제2차 동맹대표대회 및 '한국혁명각단체대표대회'를 개최했다. 동맹은 각 단체를 해소하여 완전한 대동단결체를 조직한다고 천명했다. 그러나 이 결정은 대한민국임시정부 측의 반대를 불러일으켰고, 결국 동맹의 참여 단체인 상해 한국독립당의 전폭적인 지지를 받지 못했다. 또 한 가지 걸림돌은 통일전선에서 과연 민족주의와 공산주의가 명실상부하게 통일될 수 있는가 하는 점이었다. 김구는 의열단과 김원봉을 의심하면서 이와 같은 통일운동에 참여할 수 없다는 입장을 나타냈다.

사정은 신한독립당도 마찬가지였다. 지청천과 민병길·연병호·조경한 등은 김원봉과 의열단의 활동에 대해 내심 우려했다. 일제의 정보당국도 지청천이 '김원봉 일파의 공산주의 이데올로기를 혐오'하여 신당 결성에 반대하는 입장에 선 것으로 파악했다. 노령과 만주에서 민족유일당운동, 한·중 연합전선운동 과정에서의 경험은 이 무렵의 그로 하여금 흔쾌히 공산주의자들과 손을 잡고 통일운동을 하는 것을 어렵게 했다. 그럼에도 지청천은 김원봉이 "공산주의운동으로서는 도저히 성공할 수 없어 민족주의로 전향한다"고 표명하고 홍진과 윤기섭도 참여를 권유하게 되자 신당 결성을 통한 통일운동에 참여했다. 김구 측을 견제할 필요성도 감안되었음은 물론이다.

마침내 1935년 중국 관내 독립운동 진영의 단일 대당으로 민족혁명당이 결성되었다. 여기에는 의열단(김원봉)·한국독립당(조소앙)·조선혁명당(최동오)·신한독립당(지청천)·대한독립당(김규식) 및 재미 4단체(뉴욕 대한인교민단·미주 국민회·하와이 국민회·하와이 혁명동지회) 등 9개 단체가 참여했다. 대동단결운동은 의열단과 신한독립당이 주도했다. 1935년 6월 25일 남경의 신한독립당 사무실에서 각 혁명단체 대표대회를 개최하여 '신당'을 결성하기로 결의하고 6월 29일부터 개최된 정식 회의에서는 당의·당강·정책을 제정했다. 당명만 빼고는 신한독립당이 제시한 초안의 복사판이라고 해도 좋을 만큼 똑같은 내용이었다. 민족주의에 기초한 민주공화국 건설을 기본 이념으로 하고, 신국가의 경제체제는 토지와 대생산 기관의 국유화, 통제경제 체제 및 사유제한의 원칙에서 재구성되어야 한다고 했다. 민족혁명당의 중앙조직 및 간부는 다음과 같다.

중앙집행위원회 : 김원봉, 김두봉, 김규식, 지청천, 윤기섭, 신익희, 조소앙, 성주식, 최동오, 김학규, 진의로, 윤세주 등
감찰위원 : 양기탁, 김창환, 이복원, 신악, 강창제 등
서기부 부장 : 김원봉, 부원 : 김상덕, 윤세주
조직부 부장 : 김두봉, 부원 : 최석순, 김학규, 조경한
선전부 부장 : 최동오, 부원 : 신익희, 성주식

군사부 부장 : 지청천, 부원 : 김창환, 윤기섭, 성주식

국민부 부장 : 김규식, 부원 : 조소앙, 신익희

훈련부 부장 : 윤기섭

조사부 부장 : 진의로

민족혁명당은 당시 김구를 중심으로 한 임시정부 고수파를 제외한 중국 관내 독립운동 진영의 중요 인물을 망라했다. 지청천은 중앙집행위원과 군사부장에 선임되었다. 역학관계를 볼 때 당무를 관장하는 서기부장 김원봉이 당내 1인자였고, 낙양분교에서 훈련받은 청년 등 군관 50여 명을 포용하고 있었던 신한독립당의 실질적 지도자 지청천이 그 다음 실력자였다. 군사부는 주로 지청천이 서로군정서 사령관·신흥무관학교 교성대장·한국독립군 총사령 등으로 활동할 때 함께 했던 동지들로 짜여졌다.

민족혁명당은 상해(김홍서)·남경(김두봉)·항주(윤기섭)·광동(문일민)·사천(최석순)·만주(김학규) 등에 지부를 조직하고 선전·특무·군사활동 등을 전개했다. 이러한 활동은 중앙당부에 속한 당무부·특무부·군사부에 의해 수행되었다. 일제 정보당국의 보고에 따르면 1936년 초 중앙당부에는 서기국(위원장 김원봉)·군사국(위원장 지청천)·조직국(위원장 김두봉)·검사국 등이 설치되었다.

지청천은 군사부의 책임을 맡아 화북과 만주를 활동지역으로 반만항일군과 연대하여 군사활동에 종사함과 아울러 각지에서 한국 청년의 군사훈련을 실시하는 데 주력했다. 군사부는 3단계의 활동목표를 수립

하고 시기별로 활동을 전개했다. 첫째 단계의 활동은 간부훈련생의 혁명적 교육, 즉 군사인재의 양성이었고, 둘째 단계의 활동은 군사공작부원을 만주와 화북 등 적 후방에 밀파하여 지하조직을 확충하는 것이었다. 셋째 단계의 활동은 적 후방에서 적극적 교란활동을 통해 독립전쟁을 개시하는 것이었다. 이러한 활동은 만주에 잔류하고 있는 한국독립군과 배합하여 전개할 계획이었다.

첫 단계인 군사인재의 양성은 민족혁명당 군사부의 자체 훈련, 군사학 편찬위원회의 조직, 중국 군관학교에 대한 군사훈련 위탁 등의 형태로 진행되었다. 지청천은 이를 위해 신한독립당 계열 및 의열단 계열의 청년들을 합치기로 했다. 그리하여 1935년 9월 하순 군사부 책임자로서 남경에 근거지를 만들고 신한독립당 군사인재들에다 의열단에서 보내온 군사인재를 합하여 군관 훈련을 계속했다. 지청천은 또한 김원봉과 더불어 국민정부 군사위원회 소속 남경 중앙군관학교에 학생을 입학시키기 위해 끈질기게 교섭한 결과 1935년 10월 중순 12명의 군관 후보생을 입교시키기도 했다.

민족혁명당에서 지청천은 군사교육을 받은 청년들을 적 후방 공작을 위해 밀파했다. 이것은 당무부와 특무부가 세력을 보존하기 위해 그 부원 다수를 남경에 잔류시키고 적후지역에는 당 활동의 감시를 위해 소수 인원만 파견한 김원봉과 대비된다. 당시 일제 정보당국은 민족혁명당 군사부와 당무부(특무부)의 후방 공작 상황을 다음과 같이 파악하고 있다.

현재(1935년) 가을부터 (1936년) 4월까지 주로 이청천 일파의 군사공작부원인 첨예 청년투사를 속속 만주·조선·화북에 밀파하여, 동당 만주지부의 확립 등 지하조직의 확충에 노력하고 …… 김원봉은 소수의 청년분자를 그 감시를 위해 밀파하여 특무공작에 충당하고 대부분의 부하 첨예분자를 남경에 집결시켜 장래를 위해 대기하고 있는 상태이다.

그러나 단일 대당으로 출범한 민족혁명당은 얼마 지나지 않아 균열의 조짐이 나타나기 시작했다. 의열단계는 당체제 정비과정에서 빠르게 당내 기간조직을 장악해 갔다. 군사부를 제외한 다른 실행부서(당무부·조직부·선전부 등)와 별동조직인 특무대 요원 및 책임자는 거의 의열단계 당원으로 충원되었다. 이에 따라 김원봉의 영향력이 커져 주요 당무를 전횡하는 양상까지 나타났다.

중국 정부의 지원금을 장악한 의열단계는 재정 운용을 자파 중심으로 활용했으며 이 과정에서 다른 계열은 형식적인 지원만 받거나 소외되기 일쑤였다. 때문에 지청천은 재정적으로 독립하기 위해 중국 각 방면으로부터 원조를 구하기 위해 노력했다. 일제 정보에 따르면 일찍이 1934년부터 그는 중국 요로에 원조를 요청하기 위해 한구漢口까지 갔다. 1936년 9월 25일경에는 서안西安으로 가 장학량과 교섭하여 1천 달러를 지원받기도 했다. 그러나 장학량의 원조는 일시적이었다. 또한 지청천은 상해에서 활동하고 있던 이규채로 하여금 미국으로 건너가 동포들로부터 독립운동 자금을 모집해올 것을 지시했다. 그러나 이규채로서는 도미 여비도 없는 데다 좀 더 시기를 기다려보자고 미뤄 성사되지 못했다. 중국 관내에 기반이 없었던 그로서는 의열단계의 전횡에 분개하면서도 섣불리 민족혁명당에서 벗어나기도 어려웠다.

의열단계의 전횡에 먼저 분노를 표출한 것은 상해 인사들이었다. 민족혁명당 창당 3개월만에 조소앙·박창길·문일민 등 상해 한국독립당 인사들은 '고告 당원동지'를 발표하고 탈당하여 한국독립당을 재건했다. 이어 1936년 7월 1일자로 발행된 민족혁명당 기관지 『민족혁명』 제3호에 의열단 단기團旗가 민족혁명당 당기黨旗로 발표된 것을 발단으로 의열단계와 비의열단계의 대립은 걷잡을 수 없이 심화되었다.

김원봉 계열과 지청천 계열의 갈등이 해소되지 못한 가운데 1937년 1월부터 개최된 전당대회를 계기로 민족혁명당은 완전히 양분되었다. 지청천 계열은 3월 29일 한국민족혁명당 비상대회 선언을 발표하고 김원봉 계열에 맞설 것을 표명했다. 이에 김원봉 계열도 지체 없이 자파 중심의 간부회의를 소집하여 지청천·유동열·최동오 등 11명을 제명하기로 결의하며 그에 맞섰다. 결과적으로 지청천 계열이 당에서 축출되는 것으로 사태는 일단락되었다.

대한민국임시정부 군무부장

민족혁명당을 나온 지청천 등은 새로이 조선혁명당을 창당했다. 조선혁명당은 '재만 한국독립당·신한독립당·의열단·재만 조선혁명당 등의 순민족주의적 정수와 혁명자로서 조직된 것임'을 선언했다. 지청천은 조선혁명당에서도 역시 군사부장에 취임했다. 조선혁명당은 전체적으로 지청천을 비롯하여 만주 항일무장투쟁의 중진들로 구성되었고 중일전쟁의 발발과 함께 임시정부에 참여했다.

이들은 민족전선의 통일을 위한 노력을 강화했다. 조선혁명당은 결성 직후 민족주의 정당과 대동단결을 위해 노력했다. 그리하여 1937년 초 지청천은 홍진(재건 한국독립당 대표)·송병조(한국국민당 대표)와 회담하였다. 민족진영의 대동단결 노력에 미주지역의 대한인국민회(현순)·대한인동지회(이승만)·대한인단합회(전경무)·대한인애국단(한시대)·대한부인애국단(박신애) 등 6개 단체도 동참했다.

이러한 가운데 1937년 7월 7일 전면적인 중일전쟁이 발발했다. 이에 지청천 등은 전쟁이 만주에서 중국 관내로 옮겨지고 장기적으로 세계전쟁으로 발전할 것으로 예상했다. 따라서 항일진영이 대동단결하고, 나아가 무장대오를 편성하며 중국과 연합하여 조속히 항일전에 참여할 필요성이 절대적으로 요구되었다. 이에 따라 1937년 8월 17일 3당 6개 단체가 공동제휴하여 한국광복운동단체연합회('광선')를 결성했다. 이것은 민족주의 독립운동 단체의 대동단결이 이루어진 것을 의미했다. 한편 김원봉이 주도하는 조선민족혁명당은 조선민족해방동맹·조선혁명자연맹과 합동하여 조선민족전선연맹('민선')을 결성했다.

'광선'은 선전활동과 함께 무장활동을 계획했다. 일제 정보보고에 따르면 '광선'은 중국 측으로부터 지원금을 확보하여 동북(만주)지역에서 대대적인 무장봉기를 일으킬 계획이었다고 한다. 그러나 임시정부가 이동 중이었고 지원금을 확보하지 못했기 때문에 계획은 현실화되지 못했다. 다만 정규군은 아니지만 1938년 유주에서 임시정부 산하 청년들을 위주로 한국광복진선청년공작대가 조직되었다. 1937년 7월 16일 중일 전쟁의 급박한 상황 속에서 임시정부는 국무회의에서 대일 독립전쟁을 개시할 때가 되었다고 판단하고, 군무부 산하에 '군사위원회'를 설치하기로 결정했다. 다음날엔 군사위원회 위원을 선임하고 군사위원회 규정을 발표하였다. 군사위원회의 목적은 독립전쟁의 계획을 수립하고 군사인재를 양성하여 대일전쟁을 가시화하는 것이었다.

지청천은 유동열·이복원·현익철·안공근·김학규 등과 더불어 군사위원회 위원으로 선임되었다. 안공근을 빼면 전부 조선혁명당 소속이었다. 이리하여 지청천이 중심이 된 조선혁명당은 군사간부가 부족했던 임시정부의 취약점을 보완했고, 이는 후일 임시정부 산하에 광복군을 결성할 수 있는 기초가 되었다. 군사위원회 활동을 통해 지청천은 임시정부 활동에 적극 참여했다. 그는 1937년 10월 16일에 개원한 임시의정원 회의에 군사위원의 자격으로 참석했다. 이 회의에서는 임시정부의 군사활동 중시방침이 그대로 반영되어 군사위원회의 활동계획을 1938년도 시정방침 군사부문에 채택하고 무장대오의 편성을 서두르게 되었다.

1937년 11월 일본군의 공격으로 남경을 떠난 임시정부는 장사長沙에 도착했다. 지청천 등 군사위원회 일행은 한편으로 군대 조직을 위한 공작을 전개하고 다른 한편으로 군사인재 양성을 위한 군사학 편찬활동을 진행하는 등 활동을 재개했다. 그런데 1938년 5월 독립운동사에서 비극적 사건의 하나로 꼽히는 남목청楠木廳사건이 발생했다. 조선혁명당의 청사인 남목청에서 조선혁명당·한국독립당·한국국민당의 3당 합당을 위한 회의가 개최되었다. 이때 연합과정에서 상대적으로 소외된 강창제·박창세가 이운환을 사주하여 김구 등을 저격했다. 현익철은 사망했고 김구 등은 중상을 입었으며, 지청천도 경상을 입었다. 그 뒤 장사에 대한 일본군의 공습이 심해져서 임시정부는 1938년 7월 광동성 광주, 광서성 유주를 거쳐 1940년에 드디어 중국 국민당 정부의 배도陪都 중경에 도착했다.

1939년 10월 3일 임시정부는 중경 입구인 기강에서 임시의정원 회의를 소집했다. 당시 연이은 전략적 후퇴 속에 의정원 의원의 수는 불과 15인으로 줄어들었다. 이에 이 회의를 통해 의원을 늘리기로 하여 홍진·최동오·지청천·조경한·신환·방순희·공진원·문일민·박찬익·김학규·조시원·이준식·나태섭 등 13인이 새로 임시의정원 의원으로 선출되었다.

임시의정원 의원으로 선출된 데 이어 지청천은 군사활동을 관장하는 군무장軍務長에 선임되었다. 이외에 주석 이동녕, 내무장 홍진, 외무장 조소앙, 참모장 유동열, 법무장 이시영, 재무장 김구, 비서장 차리석 등이 선출되었다. 당시 임시정부 내각은 한국국민당·조선혁명당·한국독립당의 연립내각 성격을 띠었다. 3당 통합운동이 불의의 사건으로 지연된 가운데서도 대일항전을 위한 대동단결이라는 취지 아래 각 민족주의 단체가 연합하여 임시정부를 구성한 것이다.

1939년 10월 11일 임시정부는 국무회의에서 조직·군사·외교에 대한 3개 항의 「독립운동 방략」을 결정했다. 이 가운데 하나인 군사관련 사항은 군무부장 지청천이 제시한 것임이 분명하다.

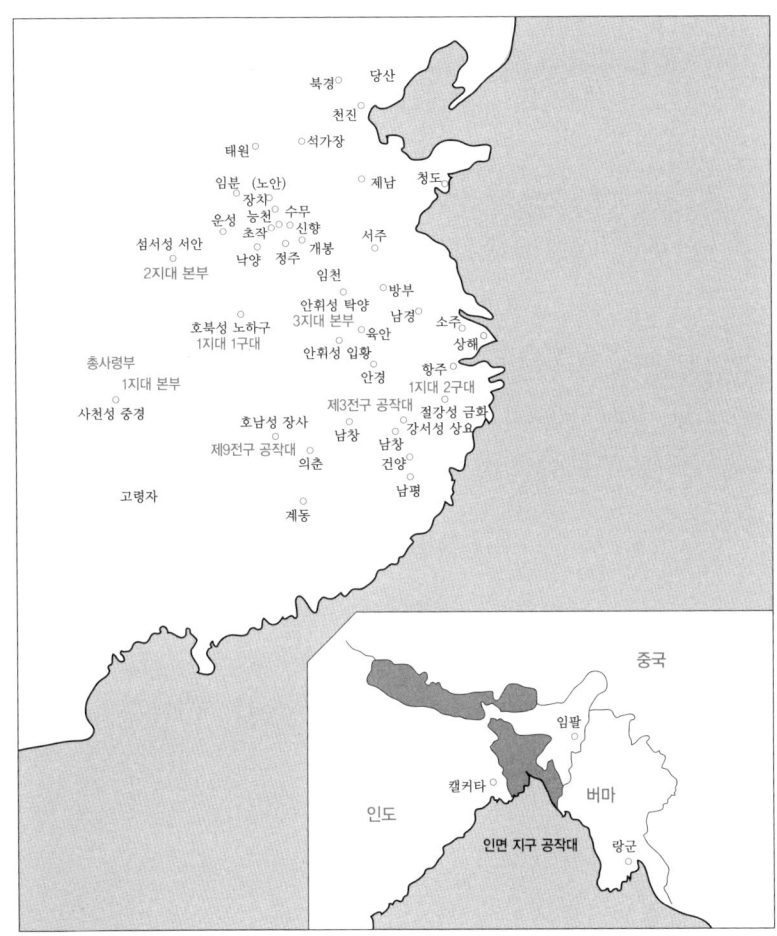

| 한국광복군 활동 지역

우리의 독립운동은 조직적으로 훈련받은 영용한 무장독립군으로야만 성공할 수 있으므로, 금후 3년간에 소요의 장교 양성과, 기본적 임무를 다할 만한 수효의 무장대 편성과, 각지에서 맹렬히 활동할 유격대 활동에

전력하여 적으로부터 교전할 만한 군사상 기초를 확립할 것.

지청천은 임시정부가 2년 동안 한 곳에 정착하지 못하고 옮겨 다니는 바람에 군사활동면에서 취약한 바가 많았기 때문에 장기적 관점에서 3년 동안 독립전쟁의 기간요원이 될 장교를 양성하고, 이와 동시에 적지에서 활동할 유격대 훈련을 실시할 것을 주장했다. 이것은 임시의정원이 편성한 1940년도 예산에서 군사비가 57만 원으로 전체 임시정부 예산(61만 6,977원)의 90% 이상을 차지하는 것과 밀접한 관계가 있다. 이러한 계획은 임시정부의 오랜 숙원이라 할 한국광복군의 창설로 이어졌다.

한국광복군 총사령

조직의 확대·개편과 더불어 임시정부는 전시체제에 적극 대응하기로 하고 정부의 직속 군대로서 한국광복군 창설을 서둘렀다. 광복군을 창설하는 작업은 이미 기강에 도착한 직후부터 이루어졌다. 1939년 7월 국무회의에서 병력 모집을 위해 군사특파원을 파견하기로 결정하고, 같은 해 11월에는 조성환을 주임으로 한 군사특파단을 구성하여 일본군이 점령하고 있는 화북과 최전선을 이루고 있던 서안에 파견했다. 일본군 점령지역에 있는 한인 청년들을 대상으로 병력을 모집하기 위해서였다.

지청천은 임시정부 군무장으로서 광복군 창설작업을 주도했다. 그 작업은 대체로 세 방향으로 추진되었다. 첫째는 군사특파단을 파견하여

| 한국독립당 창당 기념(1940. 5. 8)

병력을 모집하는 것이었다. 둘째는 중국 정부당국과 교섭하는 것으로, 이것은 주로 김구가 주가화朱家驊를 비롯한 국민당 내의 한국 담당자들을 대상으로 추진했다. 셋째는 광복군 창설계획을 수립하는 것으로 군무장 지청천이 주관했다. 뒷날 그는 광복군 조직계획 상황을 다음과 같이 회고했다.

나는 당시 광범위한 광복군을 조직코저 임시정부 군무부장을 수락하고 무대를 중경으로 옮겨 광복군 조직에 전력을 다하였다. …… 중국 정부에서도 우리들의 독립운동이 얼마나 자기네들에게 유익한가를 알기 때문에 제반 사정에 자연히 동정을 얻게 되니 이 기회를 놓치지 않고 광복군 조직계획을 수립하여 중국 정부에 제출하였던 바 쾌히 승인을 얻어나 자신이 광복군 총사령관의 중책을 맡게 되었던 것이다.

1940년 5월 지청천이 주관하여 작성하고, 한국독립당 중앙집행위원장 김구 명의로 중국 국민당 조직부장 주가화를 통해 장개석에게 제출된 「한국광복군편련계획대강韓國光復軍編練計劃大綱」은 광복군을 편성하여 중국군과 함께 연합작전을 전개한다는 전제 하에 광복군의 임무·병액·예속·편제·징모방법·훈련방법 및 장소·활동구역·동북방면 한인무장대에 대한 처리방법·광복군의 속성방법 및 선전요령·특무기관 부설 및 진행방략 등 광복군 창설에 대한 총체적인 계획을 담고 있었다. 계획대강을 검토한 장개석은 '한국광복군이 중국 항전에 참가한다'는 전제 아래 이를 승인하고, 중국군사위원회 군정부로 하여금 조속한 실현을 준비하도록 지시했다.

지청천은 광복군을 하향식으로 조직하기로 했다. 그것은 기간 부대가 없는 상황에서 임시정부에서 활동하고 있던 군사간부들을 중심으로 지휘부인 총사령부를 먼저 조직하고 모병활동을 통해 기간 부대를 조직하기 위해서였다. 1940년 8월 4일 임시정부 국무회의는 한국광복군 총사령부를 조직하기로 하고 지청천을 총사령으로 임명하여 총사령으로 하여금 총사령부를 구성하도록 했다. 이에 따라 지청천은 간부를 인선하였고 8월 10일 국무회의는 그가 추천한 총사령부 조직을 그대로 임명

| 한국광복군 총사령부

했다. 지청천이 조직한 총사령부는 다음과 같다.

    총사령 : 지청천

    참모장 : 이범석

    참모 : 채원개, 이복원, 이준식, 김학규, 공진원

    부관 : 황학수, 왕중량(나태섭), 조시원

    전령장교 : 고일명, 유해준

    주계 : 안훈(조경한), 김의한, 이상만, 민영구

    군의 : 유진동, 임의탁, 엄익근

총사령부는 거의 만주에서 독립군으로 활약하던 인사들로 채워졌다. 즉 고운기·황학수·안훈 등은 지청천과 함께 한국독립군에서 활동했으며, 김학규·이준식 등은 조선혁명군에서 활동한 인물들이었다. 이러한 광복군 총사령부 편성은 지청천이 광복군의 전통을 만주 독립군에 둔 것에서 비롯되었는데, 그것은 참모장 인선과정에서 잘 나타난다. 당시 임시정부 주석 김구는 윤봉길 의거로 관계를 맺은 김홍일(당시 중국군 장교 근무)을 추천했으나, 총사령 지청천은 이범석을 기용하기로 하고 김구 주석을 설득했다. 곧 서로군정서, 정의부, 한국독립군, 조선혁명군의 항일무장투쟁의 전통은 독립군의 관내 이동으로 이어졌지만 북로군정서, 신민부의 전통은 김좌진의 피살 이후 끊겼으므로 김좌진의 휘하에서 청산리전투를 치른 이범석을 참모장으로 임명했던 것이다.

임시정부는 1940년 9월 15일 '대한민국임시정부 주석 겸 한국광복군 창설위원회 위원장' 명의로 「한국광복군 선언문」을 발표하는 등 광복군 창설을 공식적으로 선언했다.

대한민국임시정부는 원년에 정부가 공포한 군사조직법에 의거하여 중화민국 총통 장개석 원수의 특별 허락으로 중화민국 영토 내에서 광복군을 조직하고 대한민국 22년 9월 17일 한국광복군 총사령부를 창립함을 자에 선포한다.

창설식을 열기 전에 창설 사실을 공포한 데는 이유가 있었다. 장개석은 임시정부가 제출한 '계획대강'을 비준했으나, 지시를 받은 당국자들이 한국광복군과 중국군이 대등한 관계일 수는 없다면서 광복군을 중국군사위원회에 예속시키려 했기 때문이다. 이에 임시정부는 중국군사위

| 한국광복군총사령부성립 기념식

원회의 승인과 협조를 받지 않은 채 광복군을 창설하고자 했고, 장개석이 허락한 사실을 들어 일방적으로 대내외에 공포한 것이다.

마침내 1940년 9월 17일 중국 중경의 가릉빈관嘉陵賓館에서 역사적인 한국광복군 총사령부 성립전례식이 거행되었다. 총사령부 직원을 비롯해 임시정부와 의정원, 한국독립당 인사들, 그리고 중국 각 기관을 대표하는 다수 인사들과 중경의 외교사절 및 신문사 대표 등 200여 명이 참석했다. 전례식은 일본 공군기의 공습을 피해 아침 7시부터 개최되었다. 임시정부 주석이며 한국광복군 창설위원장인 김구와 총사령 지청천이 공동으로 성립전례식을 주관했다. 먼저 김구의 대회사와 임시정부 외무부장 조소앙의 「한국광복군 총사령부 성립보고」가 있었고, 임시정부를 대표하여 내무장 홍진의 축사, 한국독립당 대표 조완구의 축사, 유치劉峙(중경지구 위수사령관) 등 중국 측 인사들의 축사에 이어 장개석 중국 군사위원회 위원장에게 보내는 치경문致敬文이 낭독되었다.

총사령에게 광복군기를 바치는 순서가 되자 지청천이 단상에 올랐다. 그는 배달기술청년연구회가 비단에 '광복조국光復祖國'이란 글자를 새겨 만든 광복군 군기를 받았다. 광복군기를 중국대륙에 휘날리면서 지청천은 총사령으로서 답사를 했고, 성립 전례식은 고운기의 「고중국전방장사서告中國前方將士書」 낭독을 마지막으로 3시간여 만에 끝났다. 당시 「광복군총사령부성립전례배관기光復軍總司令部成立典禮拜觀記」는 다음과 같이 묘사했다.

> 헌기를 마치자 총사령관은 늠름한 기상과 장엄한 태도로써 정면을 향하여 다시 축립하였다. …… 그는 간곡하고도 겸손하며 견결하고 비장한 어조로써 간명한 열변을 토하여 청중을 감동시켰다. 그는 벽두에 한·중 양방의 당·정·군·민 각 계열의 열렬한 원조에 대하여 감사하다는 것을 말하는 동시에 더욱 현명한 장개석 장군에게 경의를 표하였다. 다음에 그는 말하기를 비록 자기의 재덕은 중임을 맡기에 부족하나 각계의 호의를 보답하며 군인의 천직을 다하기 위하여 국궁진취하여 사이후이하겠다고 하였다. 비록 그 말은 겸손하지만 그 중에 비장한 뜻이 가득찼있다. 그는 중국 각방에 산재한 우리 무장청년들과 또 기타 각 방면의 우리 열

| 지청천 총사령과 김학규 · 왕계현

혈청년들이 광복군 성립되는 소식을 듣고 바람에 구름 밀리듯이 일제히 모여드는 중이라고 보고하고, 동시에 우리 조국과 민족의 해방 여부가 전혀 광복군의 목적을 관철하고 못하는 데 달렸으니 동지동포는 인력·정력·물력을 군으로 집중하여 달라고 호소하였다.

한국광복군 자주화 투쟁

광복군 총사령부를 창설했음에도 중국군사위원회의 저지 때문에 광복군은 바로 군사활동을 전개할 수 없었다. 이러한 상황에서 지청천이 총사령으로서 해결해야 할 과제는 중국 당국과 교섭하여 광복군의 활동을 보장받고 신속하게 군사 활동을 추진하는 것이었다. 1940년 11월 지청천은 부관처장 황학수를 총사령 대리로 한 '총사령부잠정부서'를 편성하고 서안으로 파견하여 사실상 광복군 총사령부를 전방인 서안으로 이전시켰다. 그 자신은 참모장 이범석과 함께 중국과의 교섭을 위해 중경에 남았다. 교섭의 주된 내용은 중국군사위원회의 광복군 창설 승인과 활동을 단속하는 통령의 철회였다.

지청천은 중국정부 행정원 부원장 공상희孔祥熙를 상대로 교섭을 추진했다. 그는 공상희에게 1941년 1월 29일 '광복군은 지난해 5월 18일 장개석 위원장의 비준을 얻어 성립한 것'이라는 사실을 강조하는 한편, '광복군은 임시정부와 한국독립당을 배경으로 하고 있으며 총사령부는 서안에 있고, 중국군관학교 및 각지의 정식 군관학교를 졸업한 간부만도 170명에 이르며, 동북과 시베리아에서 항전에 참가했던 군인 2천여 명이 화북 각지에 산재해 있다'는 내용의 절략節略을 행정원에 보냈다. 이와 함께 지청천은 5개항의 요구사항을 제출했다.

① 각지의 군정장관에게 통령하여 가능한 협조를 제공해 줄 것, ② 부대 성립을 비준하여 주고 간부를 훈련할 조직의 설립을 허락해 줄 것, ③ 참모 인원을 파견하여 지도와 협조를 해 줄 것, ④ 필요한 경비를 지급하거나 보조해 줄 것, ⑤ 무기를 발급해 줄 것 등

2월 8일에는 다시 공상희에게 '현재 서안에 모여든 간부가 200여 명이고 화북 각지에 산재한 독립군 출신 2천여 명이 서안을 향해 모여들고 있다'는 상황과 함께 향후 광복군의 활동계획을 설명하면서 중국군사위원회와 교섭해 줄 것을 요청했다. 아울러 공상희와 접촉과 별도로 장개석 위원장과 면담을 요청하기도 했다. 임시정부 주석 김구도 국민당 조직부장 주가화를 상대로 교섭을 전개했다.

총사령 지청천이 서안으로 가지 않고 중국과의 교섭을 위해 중경에 남아 공상희를 통해 교섭을 추진하고 장개석을 면담하려 한 데는 다른 이유도 있었다. 장개석 역시 일본육사 출신으로 지청천의 1년 선배였고, 공상희는 장개석과 동서지간이었다. 김구가 임시정부와 중국의 공식 창구를 통해 교섭을 추진한 반면, 지청천은 사관학교 선후배라는 인간적·개인적인 관계를 통해 교섭을 추진한 것이다.

그런데 교섭이 진행되던 중 조선의용대가 화북으로 이동한 사건이 일어났다. 조선의용대는 민족혁명당 등 좌익진영에서 1938년 10월에

조직한 무장세력으로 중국군사위원회 정치부에 소속되어 활동하고 있었다. 1941년 3월과 5월에 걸쳐 비밀리에 중국공산당 지역인 화북으로 이동한 것이다. 이 사건은 중국 정부에 상당한 충격을 주었다. 보고를 받은 장개석은 1941년 10월 30일 참모총장 하응흠何應欽에게 "한국광복군과 조선의용대를 동시에 군사위원회에 예속케 하고 참모총장이 직접 통일 장악하여 운용하라"는 지시를 내렸다.

이로 인해 중국과 교섭은 무위로 돌아갔을 뿐만 아니라 광복군이 중국군사위원회에 더욱 예속되는 결과를 가져왔다. 1941년 11월 15일 중국군사위원회 판공청은 한국광복군 총사령 지청천 앞으로 '한국광복군이 (중국)군사위원회의 지휘 통할을 받게 된 다음 지켜야 할 9개 항의 규정을 보내니 준수하라'는 「한국광복군 행동 9개 준승」을 통보하는 한편 이와 함께 「한국광복군 총사령부 잠행편제표」를 보냈다. 9개 준승은 중국군사위원회가 고수해 왔던 '한국광복군을 예속한다'는 방침과 조선의용대의 화북 진출에 격노한 장개석의 '군사위원회가 예속하고 참모총장이 장악·운용토록 하라'는 지시가 만들어낸 합작품이었다. 9개 준승 가운데 특히 문제가 된 ②항의 내용은 다음과 같다.

> 한국광복군은 본회 통할 지휘 하에 귀속된 뒤 아국(중국)이 계속 항전하고 있는 기간이나 또는 한국독립당 임시정부가 한국 경내에 추진推進해 가기 전까지는 오직 아국 최고 통수의 군령만 접수해야 하며, 어떠한 기타의 군령이나 정치 견제도 받을 수 없고 한국독립당 임시정부와의 관계는 아국 군령을 받는 기간 중이라도 고유 명의관계는 그대로 유지한다.

이에 대해 임시정부에서 중국 측의 조처에 대한 불만이 폭발하면서 9개 준승을 취소해야 한다는 논의가 일어난 것은 당연했다. 1942년 11월 3일에 개최된 제13차 임시의정원 회의에서 여(한국독립당)·야(민족혁명당) 의원들은 9개 준승을 한 목소리로 성토했으며, 특히 야당은 준승을 수용한 임시정부의 책임문제를 거론하며 공방을 벌였다.

이 과정에서 심지어 광복군 폐지문제까지 거론되며 야당 의원과 정부 각료들 사이에 심한 논쟁이 벌어졌다. 이때 광복군 총사령 지청천이 일어나 수용 당시의 상황을 설명하며 다음과 같이 말했다. 9개 준승에 대한 그의 분노는 오히려 야당의원들보다 강했으나 광복군 폐지 운운에 대해서는 단호한 어조로 반대하며 '정성 단합'을 역설했다.

책임을 지고 말합니다. 여러분께 할 말이 없습니다. 이것은 본인의 일이 아니고 지청천 개인의 말이 아닙니다. 이 문제는 광복군 총사령으로 말하는 것이 아니고 의원의 자격으로 말하는 것입니다. 광복군은 32회 의회에서 추진되었소. 광복군은 확실히 정부에 속하였고 임시정부 통수부에서 관계하게 됩니다. 광복군은 전후 영존永存할 것입니다. 광복군 취소 말은 좀 말씀하지 마시고 광복군 명의는 취소치 못하고 갱정수정更正修正은 할 수 있겠소.

광복군은 혁명운동의 주동력입니다. 외지에서 활동하려면 우선 중국 당국의 허가를 얻어야 할 수 있으므로 김구 선생의 명의와 한독당 명의로 출현된 것은 당시 정세였다. 완전한 광복군을 하려면 중국 정부 승인이 없으면 못됩니다. 광복군은 재작년에 정부로서 만들었는데 활동을 중국 당국에 요구하니 대상은 한독당이었다. 그러니 일당치국하는 중국 당국에서 한독당을 국당國黨으로 안 것이다. 남의 땅에서 군사활동을 하려니 부득이 9항을 접수케 된 것이요, 이 9항이 성립되기 전에 전방활동을 하려니 중국 당국에게 정지를 당한 것이요, 국내 민중이 요구하는 군사활동은 기다릴 수도 없는 것이요, 광복군 총사령은 우리 정부에서 위임한 것인데, 군사위원회에 보낸 공문을 볼 때 참 통심痛心되었으나, 공문이 내왕하게 되는데 일보일보의 승인을 한다고 보았소. 9개 항은 확실히 가혹합니다. 그러나 점점 고칠 수 있다고 보고 지금 외회에서 결정이 되면 잘 수정할 수 있다고 봅니다.

또 현 정세에 의해 보아서 남의 지역 내에서 군사활동을 하는 데 부득이한 사정이 있는 것을 알아야하겠소. 연합작전을 하려면 통수부가 있어 통일 지휘해야 하겠소. 조선의용대 합병 이래 곤란한 점이 많았으며 정훈도 우리가 해야 하겠는데도 불구하고 중국 당국에서 위임하여 곤란이 더 막심하게 되었으며, 이 점에 대해서는 본인이 지금까지 반대하였습니다. 사정이 이만큼 복잡하고 곤란하므로 아무 공작이 불능한 것이 사실입니다. 만일 의원 전체의 의사로 책임을 지라면 지겠소. 광복군에 대하여 수정할 것을 절대로 찬성합니다. 정성 단합을 구하면서 우리의 전도를 전망케 합시다.

지청천의 연설은 광복군 존립의 당위성을 설명한 것이었다. 그런데 야당인 민족혁명당은 물론 9개 준승 접수 당사자인 임시정부 군무장 지청천마저 나서서 취소안을 적극적으로 지지한 것은 결코 쉬운 일이 아니었다. 마땅한 대안이 없을 경우 9개 준승 취소요구가 거부되면 지청천의 우려대로 광복군의 존립이 어려워질 수 있기 때문이다.

이와 관련하여 1942년 9월 17일 한국광복군 창설 2주년을 맞아 지청천이 김원봉과 함께 각각 한국광복군 총사령 및 부사령 명의로 소련 '인민위원회 소비에트 의장' 스탈린에게 보낸 서신이 주목된다. 이 서신은 1905년부터 일본제국주의에 대한 투쟁의 역사를 서술하는 것으로 시작된다. 1907년 8월 대한제국 군대

| 광복군 기관지 「光復」 표지

의 해산으로 야기된 투쟁은 이후에 전개되는 무장투쟁의 출발점이 되었고, 1910년 일본의 한국 강제합방으로 주력부대 대부분이 중국 만주와 노령 시베리아로 근거지를 이동하여 본격적인 투쟁을 개시했다고 주장했다. 1919년 3월 1일 조선은 독립을 선언하고 중국 상해에 임시정부를 세워 일제와 투쟁을 계속하다가 중일전쟁이 발발하고 중국 국민정부가 중경으로 이동하자 임시정부와 광복군 사령부도 이동하여 오늘에 이르렀다고 하면서 대한민국임시정부와 한국광복군에 대한 지원을 호소했다.

중일전쟁이 시작되고 중국 국민정부가 중경으로 이동하였을 때, 대한민

국임시정부와 한국광복군 사령부도 중경으로 이동하였습니다. 1940년 9월 중국은 일본에 대항해 싸우는 전투부대로 공식적으로 광복군을 인정하고 지원하였습니다. 태평양전쟁이 시작된 이후 모든 무장부대들은 무기를 손에 들었습니다. …… 이 과정에서 각하의 지도력이 발휘되었던 것을 경하하면서 우리는 만약 각하께서 극동에서 일본 침략자들과 전투에 연합국의 전투력을 강화시키고자 하신다면, 그때는 무엇보다 먼저 대한민국임시정부를 승인하시고 우리에게 충분한 물질적 지원을 해주시고 확실하게 한국의 군사력을 증강시켜 주실 것을 깊이 바랍니다. 이것은 연합국이 보다 빠른 승리에 도달하는 것을 도와줄 것입니다.

이것은 광복군을 포함해 중국과 소련 지역에서 활동하는 조선인 무장부대들이 전부 무기를 들고 싸울 수 있도록 군사적인 지원을 해달라는 호소였다. 서신은 '서명하는 한국광복군 장교들(지청천·김원봉)은 한인들이 전부터 일본군대를 절멸시키는 데 투쟁해 왔으며, 이러한 목적을 달성하는 데 어떠한 희생도 결코 비싸게 생각되지 않는다는 점에 정중하게 각하의 관심을 돌리고자 한다'는 말로 끝맺고 있다. 이 시기는 소련의 팽창에 대해 장개석 등 중국국민당 지도부가 우려하고 있던 상황이었음을 고려할 때, 국민당과의 특수한 관계에도 불구하고 지청천 등 한국광복군 지도부가 무력항쟁의 활동을 강화하기 위해 얼마나 각별한 노력을 기울이고 있었는지를 보여준다.

1942년 11월 임시의정원 제13차 회의에서는 여야 의원 16명의 합의로 「광복군 9개 조항 조건 취소안」이 제출되어 토론 끝에 '9개 준승을 즉시 취소하고 국제간에 평등한 입장에서 우호적으로 적극 원조하기를 요청한다'는 결의안이 채택되었다. 의정원의 요구에 따라 임시정부는 1943년 1월 국무회의에서 조소앙·김규식 등 5명으로 하여금 9개 준승 취소방안을 마련하도록 하여 '광복군을 임시정부에 예속토록 하고, 광복군 인원의 임면 및 정치훈련은 임시정부가 담당하며, 광복군에 대한 지원은 차관으로 한다'는 내용의 전문 및 10개 조의 「한중호조군사협정 초안」을 마련했다. 그러나 이 안을 토대로 한 협상도 별다른 진전을 보지 못했다.

1944년 6월 22일 지청천은 광복군 총사령이 주최하는 형식으로 중국군사위원회 당국자들과 협상을 벌였다. 네 차례에 걸친 협상을 통해 9개 준승을 취소한다는 원칙에 합의를 이루었고, 군사위원회는 이를 장개석에게 보고했다. 드디어 장개석은 1944년 9월 8일 중국국민당 비서장 오철성에게 광복군을 임시정부에 예속하게 하고, 9개 준승을 취소하라는 지시를 내렸다. 이로써 광복군은 중국군사위원회의 예속에서 벗어나 대한민국임시정부가 통수권을 행사할 수 있게 되었으며, 이를 계기로 지청천은 1944년 10월 광복군 총사령부 조직 조례 및 지대 편제표를 마련하여 광복군의 독립적인 조직체제를 확립할 수 있게 되었다. 한국광복군의 자주화를 위한 오랜 투쟁이 결실을 본 것이다.

한국광복군은 총사령부 산하에 단위부대로 지대를 설립했다. 지대는 독립여단의 병력규모를 상정한 것으로, 1940년 11월 서안에 총사령부를 파견하고 그곳에 있는 총사령부 인원과 군사특파단원을 중심으로 3개 지대를 편성했다. 총사령부와 3개 지대가 편제된 직후 서안에서

| 지청천의 장남 달수, 낙양군관학교시절

| 지청천의 차녀 복영, 한국광복군 종군시절

활동하던 한국청년전지공작대가 광복군에 참여했다. 전지공작대는 나월환을 대장으로 아나키즘 계열의 청년들이 중심이 된 무장세력으로서, 광복군보다 한발 앞서 서안을 중심으로 모병활동을 전개하며 100여 명에 달하는 대원들을 확보하고 있었다. 지청천은 이들을 제5지대로 편제했다.

지청천은 각 지대로 하여금 모병활동을 통해 시급히 병력을 충원하도록 했다. 지대별로 모병활동 구역이 정해져 제1지대는 산서성 대동, 제2지대는 수원성 포두, 제3지대는 안휘성 부양, 제5지대는 섬서성 서안을 담당했다. 또한 강서성 상요에도 대원을 파견해 모병활동을 전개했다. 이때 지청천의 아들 달수는 2지대 간부로 포두에, 딸 복영은 징모6분처의 일원으로 부양에 파견되어 활동했다. 이렇게 하여 일본군 군속 또는 상업 등을 목적으로 중국 각 지역에 나와 있던 한인 청년들이 모병공작 대원들에게 포섭되어 광복군에 참여하는 등 적지 않은 성과를 거두었다.

1944년 2월부터는 강제징집된 학병들이 중국전선에 배치되기 시작하면서 이들 중 몇몇이 일본군을 탈출하여 광복군에 들어오기도 했다. 특히 안휘성 부양과 중국 제9전구 지역인 계동과 의춘 등지에서 많은

| 지청천의 차남 정계, 해방 후 국군에 입대하여 육군 소위로 보성에서 전사

학병들의 탈출이 이루어졌다. 이때 부양에서 모병활동을 지휘하던 김학규는 이들을 한국광복군훈련반으로 편성하여 군사훈련을 실시하여 광복군에 편입시켰다. 이외에 중국군에 포로가 되었던 한적韓籍 사병들이 광복군에 인계되어 편입된 경우도 적지 않았다. 그 결과 창설 당시 30명에 불과하던 병력이 1945년 8월에는 700여 명을 헤아리게 되었다.

연합군과 공동작전 주도

지청천은 기회가 있을 때마다 광복군이 연합군과 함께 대일전쟁을 전개해야 한다고 역설했다. 1943년 9월 16일에는 한국광복군 창설 3주년을 기념하여 중국 신문기자들을 초청해 광복군의 현재 상황을 보고한 일이 있었다. 이때도 그는 광복군이 동맹국가들과 함께 대일전쟁을 전개할 것임을 천명했다. 『신화일보』(1943년 9월 17일자)에 보도된 지청천의 보고는 다음과 같다.

> 광복군은 의병운동과 3·1 대혁명의 민족정신을 계승하였고, 금후 한국혁명에서 건군과 건국의 책임을 지고 있다. 광복군은 성립 이래 중국의 정신적·물질적 지원으로 크게 발전하였고, 조국을 광복하는 사명을 갖고 민주를 옹호하며 파시스트 축심軸心을 궤멸시켜야 한다는 결심을 갖고 있다. 아울러 원컨대 동맹국가가 총 반공反攻할 때 국내 민중의 무력과 연합하여 최전선에서 적인을 공격하고자 한다.

지청천은 연합군과 함께 대일항전을 전개한다는 생각을 갖고 있었다. 마침내 인도·버마전선에서 일본군과 전쟁을 하고 있던 영국군이 광복군에 대원들을 파견해 줄 것을 요청하면서 영국군과 연합하여 대일항전을 전개할 수 있는 기회가 왔다. 지청천은 각 지대에서 신체조건과 영어를 할 수 있는 인원을 선발, 1943년 9월에 한지성을 비롯한 9명의 대원을 인도에 파견했다.

미국의 전략첩보기구인 OSS(Office of Strategic Services)와도 공동작전을 추진했다. 일본과의 작전에 한인들을 활용하려는 OSS 측의 의도와 연합군과 연계하려는 광복군 측의 의도가 맞물려 광복군과 OSS와의

| OSS 특수훈련을 앞두고

 합작이 이루어지게 된 것이다. 공동작전은 광복군 대원들에게 OSS훈련을 실시하고 이들을 국내에 진입시킨다는 것을 내용으로 한 '독수리작전'으로 추진되었다. 1945년 4월 1일 이를 준비해 온 이범석과 OSS 측 담당관 사전트(Clyde B. Sargent) 대위가 만나 공동작전을 수행하기로 하였으며, 3일에는 임시정부 주석 김구의 승인을 받았다. 이에 따라 광복군 대원들에 대한 OSS훈련이 실시되었다. 1945년 5월부터 서안의 제2지대와 부양의 제3지대가 대원들을 선발하여 훈련에 들어가 1945년 8월 4일 3개월 과정을 마침으로써 1기생의 훈련이 완료되었다.
 제1기생의 훈련이 완료되자 지청천은 김구 주석과 함께 서안으로 가

| 김구와 도노반

제2지대 본부에서 OSS 책임자인 도노반 소장과 OSS훈련을 받은 대원들을 국내로 침투시키는 국내진입작전을 협의했다. 후에 지청천은 이 과정을 다음과 같이 적고 있다.

우리들의 염원인 우리 조국 삼천리 강토에의 진주를 실현코저 그 공작에 착수하였던 것이니 당시 주중미군 현지 사령관이었던 웨드마이어 장군의 정신적·물질적인 원조를 받아 그 휘하 장병들과 긴밀한 연락 하에서 다수의 우리 광복군 젊은이들을 선발하여 특수 비밀훈련을 시작하였던 것이다.

그리하여 총사령관인 나는 임시정부 김구 주석 및 제2지대장 이범석 장군과 더불어 우리 광복군 제2지대 사무실에서 미국의 주중미군 현지 사령부 작전참모장 다노베 장군과 우리 임시정부와 미국 사이에 전쟁의 종막에 이르는 시기까지 군사협의를 맺었던 것이며, 이 협의에서 미국은 제1차로 특수훈련을 받고 있는 우리 광복군 선발군인들을 각종 비밀책임을 명하며 산동에서 미국 잠수함으로 우리 조국 삼천리 강토 내에 잠입시켜 중요 지점을 파괴 또는 점령케 하는 동시에 때를 잃지 않고 우리 광복군 및 미국 지상군을 미공군기로서 낙하하는 동시에 해상으로는 속속 진주군을 상륙시켜 점령할 계획이 있었던 것이다.

지청천은 미국 OSS와 공동으로 국내 진입작전을 추진하는 데 합의했다. 진입작전은 두 단계로 계획되었다. 1단계는 광복군 대원들을 잠수함으로 국내에 진입시켜 중요 지점을 파괴하거나 점령하는 적후공작을 전개하는 것이었고, 2단계는 광복군과 미국 육군을 비행기와 선박으로 상륙시켜 한반도를 점령한다는 계획이었다. 그러나 합의된 국내 진입작전은 실행에 옮겨지지 못했다. 공동작전이 실행되기 직전인 1945년 8월 10일 일제의 항복 소식이 전해졌기 때문이다.

6
되찾은 조국을 위하여

광복군 확군

1945년 8월 15일 한국이 일제의 식민지지배에서 해방되자, 항일무장투쟁을 통한 주권 회복이라는 한국광복군의 역사적 사명도 끝났다. 하지만 임시정부와 광복군이 국내로 들어가려고 하자 난관이 이를 가로막았다. 얄타회담에서 소련과 함께 한반도를 38도선으로 나누어 남쪽에 상륙하게 된 미군 당국이 임시정부를 한국을 대표하는 정부로 인정하지 않아 요인들은 개인 자격으로 귀국할 수밖에 없었는데, 이것은 그대로 광복군에도 적용되어 군을 해산한 뒤 각자 귀국해야만 했던 것이다.

그러나 지청천은 개인 자격의 귀국을 거부한 채 국제적인 승인을 받고 한국광복군을 공식적으로 귀국시킬 결심으로 광복군 확군擴軍활동을 전개했다. 이로써 광복군은 '건국군'으로 그 임무가 바뀌게 되었다. 해방을 맞아 임시정부는 귀국을 추진하는 것과 더불어 건국에 필요한 건군建軍을 준비했는데, 광복군 확군은 그 준비였다. 확군은 중국 각지에 산재해 있는 한인 청년들을 광복군으로 흡수·편입하여 광복군의 조직과 세력을 확대하는 것을 의미한다. 해방된 조국에 정식 정부가 들어선 뒤 광복군을 새 정부에 바치기 위해서였다. 중일전쟁 이후 일제가 많은 한인들을 이주시키고 일본군으로 징집했던 청년들도 많았기 때문에 중국대륙 각지에는 적지 않은 한인들이 있었다. 그 중 일본군에 학병과 징병 등으로 끌려나온 한적 사병만도 약 2만 8천 명에 달했다. 또한 일본군을 상대로 상업에 종사하거나 생계를 위해 이주해 있던 한인들도 많았다. 이러한 한인 청년들을 흡수·편입하여 광복군의 조직과 세력을 확대하기로 했다.

광복군 확군은 재중동포들의 생명과 재산을 보호하는 사업과 더불어 해방을 맞아 임시정부가 추진할 주요 활동방향으로 설정되었다. 1945년 9월 3일 임시정부 주석 김구 명의로 발표된「국내외 동포에게 고함」은 제13항에서 '적군에게 피박출전被迫出戰한 한적 군인을 국군으로 편입하되 맹군盟軍(중국군)과 협상 진행할 것'을 천명했다. 이에 따라 임시정부는 중국 측과 확군문제 교섭에 나섰다. 1945년 8월 24일 김구는 장개석에게 비망록을 제출하면서 '일본군 항복 접수 때 한적 사병은 특별히 우대해 줄 것과 이들을 무기와 함께 광복군에 편입하여 임시정부의 기간대오를 편성하도록 해줄 것'을 요청했다. 장개석은 이를 수락하였고 이를 계기로 중국대륙 각지에서 한국광복군 확군 활동이 시작되었다.

지청천은 확군활동의 책임을 맡았다. 그는 중국의 주요 도시에 광복군 간부들을 파견하여 이들로 하여금 일본군에 있는 한적 장병 및 한인 청년들을 접수하여 광복군에 편입시키도록 했다. 이에 따라 1945년 8월 말부터 중국 각지에 파견된 광복군 간부들은 각지에서 한인 청년들을 받아들여 광복군 잠편지대曁編支隊를 편성하기 시작했다. 10월 말에 이르러 중국 주요 도시에는 다음과 같이 잠편지대가 편성되었다.

한구 잠편지대(지대장 : 권준, 부지대장 : 장흥)
남경 잠편지대(지대장 : 안춘생, 부지대장 : 지달수)
항주 잠편지대(지대장 : 김관오)
상해 잠편지대(지대장 : 박시창, 부지대장 : 이하유)
북경 잠편지대(지대장 : 최용덕)
광동 잠편지대(지대장 : 최덕신)

잠편지대는 국내에도 설치되었다. 1945년 11월, 만주에서 지하공작을 하다 체포되었던 오광선이 서울에서 미군 비행기 편으로 상해에 도착해 지청천을 찾아오자 그는 오광선을 지대장으로 임명하고 국내에 잠편지대를 편성하도록 지시했다. 지청천은 각 도시에 설치된 잠편지대를 순방했다. 1945년 10월 7일 상해에 도착하여 총사령부 주호판사처駐滬辦事處를 찾아 지대장 박시창으로부터 보고를 받았으며 10월 10일에는 상해 호강대학滬江大學을 방문해 그곳에 수용되어 있는 한적 사병 6천 명의 사열을 받기도 했다. 그리고 남경과 항주도 순방했다.

1945년 11월 임시정부 요인들이 개인 자격으로 귀국한 뒤 지청천은 확군작업에 더욱 박차를 가했다. 이리하여 한국광복군은 기존에 편성된 3개 지대와 중국과 국내에 7개의 잠편지대를 편성함으로써 총사령부와 10개 지대의 조직을 갖추게 되었다.

| 환국한 임시정부 요인들

　1946년 2월 지청천은 확군작업이 비교적 순조롭게 진행되자 주중미군 당국 및 중국 측과 광복군의 귀국을 위한 교섭에 착수했다. 앞서 임시정부는 요인들이 귀국하기 전 지청천이 광복군의 귀국문제를 교섭하도록 그를 군사외교단장으로 임명하였다.
　그러나 한반도 내에서 무장단체의 실체를 인정하지 않는다는 미군 당국의 입장은 확고했다. 이에 따라 국내에서는 미군정청이 사설 군사단체의 해산을 명령했고, 광복군 국내지대도 결국 공식적인 군사단체로서의 성격을 바꾸어 '광복청년회'라는 청년단체로 전환할 수밖에 없었다.

동일한 맥락에서 주중미군 당국은 중국에서 확군된 국군자격으로서 광복군의 입국을 반대하고 해산과 함께 개인 자격 입국을 강요했다.

국공합작에 균열이 생기면서 중국에서도 광복군의 확군활동은 벽에 부딪치고 있었다. 중국 내의 정세가 급변하면서 국민당 정부의 광복군 확군활동에 대한 방침이 달라진 것이다. 중국국민당 정부는 공산당이 활동영역을 넓혀가자 한인 무장단체를 불안요소로 여겼다. 1945년 12월 22일 중국군사위원회는 「한적포로처리판법韓籍捕虜處理辦法」을 통해 '각지 한국광복군의 지대·구대·분대는 본 군사위원회의 조사를 거쳐 원 상태를 유지하며 허락 없는 활동은 금지한다'고 통보했다. 원 상태를 유시하라는 것은 기존의 광복군 조직 이외에 다른 조직을 편성하지 말라는 뜻이었다.

경제적인 문제도 중요했다. 간부들이 중국 주요 도시에 파견되어 일본군으로 징집됐던 한적 사병을 비롯하여 한인 청년들을 광복군으로 편입시키고 있었지만, 이들의 숙식을 해결하는 문제가 간단하지 않았다. 여기에 잠편지대로 편성된 대원들의 의식과 자질은 상황을 더욱 악화시켰다. 광복군 간부들은 이들을 훈련시켜 규율과 체계를 갖춘 광복군으로 만들어 귀국하려 했지만, 일본군으로 끌려 나왔다가 편입된 사람들 중 상당수의 소원은 오로지 즉시 귀국에 있었고, 이로 인해 적지 않은 마찰이 빚어졌다.

이러한 상황에서 1946년 5월 16일 총사령관 지청천은 「한국광복군 복원선언」을 발표했다. 일본의 항복으로 중국에서 광복군의 임무는 일차적으로 완료되었으니 이제 해방된 조국으로 들어가 새로운 국가 건설에 이바지하기 위해 '복원復員'한다는 것으로, 복원선언은 사실상 광복군의 해산 선언이었다. 복원선언과 함께 지청천은 남경에서 기자회견을 갖고 광복군이 비록 개인 자격으로 귀국하게 되었으나 귀국 후에도 광복군의 정신과 군인 신분으로 건군에 종사할 것임을 밝혔다. 그리하여 1946년 2월부터 6월까지 광복군은 개인 자격으로 청도·당고·상해·하문·산두·광주 등지에서 미군선박 편으로 귀국했고, 지청천을 비롯하여 이범석(참모장)·김학규(3지대장) 등은 광복군 잔류부대와 교민의 수송이 완료되는 대로 귀국하기로 했다.

그러한 가운데 장차 국군의 모태가 될 경비대 창설을 구상하던 국내 미군정청은 1946년 5월 경비대 책임을 맡을 통위부장을 물색하기 위해 버나드 대령L. W. Bernad(국방사령부 부장)과 윕스 소령을 하지 중장 특사 자격으로 중국에 파견했다. 광복군을 모체로 하여 국군을 편성해야 한다는 사회적 여론이 비등했기 때문이다. 버나드는 지청천·이범석·김학규를 차례로 만나 미국과 협조하여 한국군을 만들자고 권유했다. 그러나 지청천이 보기에 광복군의 해산과 개인 자격 입국을 강요하면서 설치되는 경비대는 한국 국군의 성격을 지닐 수 없었다. 임시정부와 광복군을 인정하지 않는 미군정의 태도에 '제2의 독립운동'이라도 전개해야 한다고 분노하고 있던 지청천은 미군정의 합작 제의를 단호하게 거절했다.

이후 지청천은 대한민국임시정부 주화대표단駐華代表團 대표 자격으로 단장 박찬익, 동 대표 민석린 등과 함께 신탁통치의 불법성을 지적하고 독립의 권리를 주장했다. 1945년 12월 모스크바 3상회의가 개최되어 한국에 대한 5년간의 신탁통치를 결정하자 국내에서는 귀국한 임시정부 요인들을 중심으로 대대적인 반탁운동이 전개되었다. 이와 연대하여 임시정부 주화대표단은 성명을 발표, 한국은 패전국이 아니므로 신탁통치를 받을 까닭이 없으며 미·소 양군은 한국에서 즉시 철수해야 한다고 주장했다.

지청천은 중국 만주에 아직도 많은 동포가 잔류해 있고 동아시아의 정세가 급변해 가는 상황 속에서 중국과 한국의 운명은 떼려야 뗄 수 없는 관계임을 인식하고 가능한 한 중국에서 귀국하지 않을 작정이었다. 그러나 해방된 조국의 선군작업 또한 중요한 일이었다. 이에 1946년 2월부터 시작된 광복군의 귀국에 이어 제2지대가 귀국한 후 국내에 있던 '광복청년회'로 전환된 국내지대와 결합하여 건군의 기초를 잡아주기를 희망했다. 또한 만주의 동포를 지속적으로 군대로 편제하여 상황이 허락한다면 만주를 경유하여 국내로 들어온다는 구상이었다. 물론 이것은 만주에서 한(광복군)·중(국민당군) 연합에 의한 이른바 '민주 세력'이 강해지면, 한국 내 공산주의 세력에 대한 견제역할을 할 수 있다는 전망에 따른 것이었다.

이에 따라 광복군 제3지대장이었던 김학규는 임시정부 주화대표단 단장이던 박찬익의 요청에 부응하여 만주로 들어가 군대 편성활동에 종사하게 되었다. 따라서 해방 직후 광복군의 군사전략이었던 국내 상륙작전과 만주 경유 국내진입작전이라는 구상은 비록 광복군이라는 공식적인 명칭을 걸고 진행되지는 않았지만 기본적인 흐름은 지속되었고, 그 목표도 일본제국주의 세력의 구축에서 건국, 건군의 기초를 확립하여 민주국가를 세우는 데 일조하는 것으로 재설정되었다.

건군 청년운동 | 1947년에 들어서면서 지청천은 귀국을 결심했다. 그것은 조국의 38선 이북의 인민군이 강대해지고 공산주의 세력이 만주 근접지역의 통제를 강화하고 있었기 때문에 이에 대응하는 남한 내 국군의 창설이 절실하게 요구되고 있었기 때문이다. 마침 1947년 4월 이승만은 도미외교를 마치고 귀국길에 중국에 들러 남경에서 장개석과 한국 독립의 원조 약속과 남한과 중국 내에서 공산주의 침투문제에 대한 공동전선 등에 관해 회담했다. 회담 뒤 그는 지청천을 만나 "지금 조국에서 건국사업이 진행되고 있는데 지 장군의 힘이 건국사업에 긴요하니 환국함이 좋겠다"면서 귀국을 권유했다.

이승만은 1920년대 초부터 이미 신규식, 백순, 김구 등이 보낸 서한을 통하여 지청천이 일본 육사을 졸업한 일본군 장교 출신으로 만주로 망명하여 서간도와 노령에서 독립군을 양성하고, 북만주 일대에서 항일 무장투쟁을 전개하다가 중국 관내로 들어가 임시정부에 합류하여 광복군 총사령을 맡고 있었던 사실을 소상하게 알고 있었다.

이에 따라 지청천은 이승만과 함께 장개석이 내준 자강호自强號를 타고 귀국길에 올라 1947년 4월 22일 서울에 도착했다. 3·1운동 직후 만주로 망명한 이래 근 30년 만이었다. 그는 귀국 담화에서 다음과 같이 말했다.

29년 만에 조국에 돌아오니 아직 국내 사정도 잘 모르거니와 듣건대 현재 민생문제가 도탄에 빠져 긴급하다는 말을 들으니 매우 섭섭하며, 이런 형

| 귀국하는 지청천을 맞이하는 김구와 이승만, 김규식

편이므로 공사를 물론하고 환영회 같은 것을 일체 거절하겠다. 귀국이 지연된 것은 사무처리 때문이고 정치적 이유는 없다. 그리고 나는 정치가가 아니므로 아직 아무 계획도 없으며 앞으로 조선에 대해서 공부하겠다.

그러나 지청천은 귀국한 지 얼마 되지 않아 청년단체 통합 움직임에 관심을 표명하고 각 청년단체 대표들과 만나기 시작했다. 그는 청년운동이 조국 통일의 유일한 길이며 청년단체의 통합은 반드시 이루어져야 한다고 역설했다.

지청천의 자신감은 미군정과 합의나 양해가 전제된 것이었다. 미군정은 그의 귀국이 우익의 강화, 특히 청년단체의 강화에 기여할 것이라고 판단했다. 그와 동행한 이승만도 평상시 북한의 무력 증강과 관련된 정보를 접하면서 항상 남한 내 물리력 확보를 강조했다. 그런 점에서 아직 정부가 수립되지 않은 상황에서 군대를 창설한다는 것은 불가능하므로, 이와 같은 미군정과 이승만의 의도에 잘 어울리는 것이 청년단체의 조직이었다. 국내 청년운동에 대해서는 지청천도 귀국 전부터 관심을 기울이고 있었다. 그는 해방 직후 한국독립군 시절부터 함께 해온 부하인 오광선을 광복군 국내 지대장으로 임명하여 남한에서 광복군의 지위를 확보하고 국내 청년운동을 지도할 것을 지시한 바 있었다. 때문에 그는 국내 청년운동의 흐름을 잘 파악하고 있었다. 다만 그의 청년운동은 우익 강화를 위한 물리력의 확보(미군정)나 권력투쟁의 행동대(이승만)를 양성하는 것이 아니라, 주권국가의 군대 창설을 위한 준비활동이라는 점에서 달랐다.

1947년 5월 28일 지청천은 청년과 더불어 민족과 조국을 위하여 몸을 바치겠다고 밝히고 우익 청년단체의 단일화를 발표했다. 당시의 언론들도 8·15 이래 혼란상태에 빠져 있던 청년운동이 그의 귀국을 계기로 대동단결의 태세로 급속히 돌입하고 있다고 보도했다. 이어 이승만·김구·김규식 등 이른바 우익 3영수도 '지청천을 중심으로 청년들이 통합하여 어떤 개인이나 정당 혹은 단체의 이용도구가 되지 말고 신국가 건설에 주체가 되려면 지청천의 청년단체 통합운동에 적극 협력해 줄 것을 바란다'는 성명서를 발표하여 그의 활동에 힘을 실어주었다. 이에 힘입어 지청천은 남한의 모든 청년들을 비정치단체로 조직하여 정부의 민주주의적 원칙과 군사훈련을 가르칠 것이라는 내용의 계획을 하지뿐만 아니라 군정 관료들과도 논의, 승인을 받아냈다.

청년단체 통합이 발표된 뒤 실제 통합은 오광선과 이복원 등 광복군 출신들이 이끄는 광복청년회(광청)를 중심으로 이루어졌다. 처음 청년단체 통합운동은 지청천을 중심으로 활발하게 진행되었다. 그것은 초기 이승만·김구·김규식 등 우익 3영수가 한 목소리로 지청천을 중심으로 한 우익 청년단체의 통합을 지지한 데다, 광복군 참모장 출신의 이범석이 조직한 조선민족청년단(족청)에 대한 반감이 작용했기 때문이었다. 족청은 미군정의 지원을 받아 독불장군 격으로 독주하고 있었는데, 광복군에서 이범석의 상관이었던 지청천이 통합운동을 전개하자 족청에 대한 반작용으로 이에 동조하는 분위기가 고조되었다.

1947년 8월 7일 지청천을 위원장으로 대한독립촉성전국청년총연맹·조선청년총동맹·서북청년회 등 근 20개에 달하는 청년단체들이 참가한 '대동청년단주비위원회'가 구성되었다. 참여단체의 대표들인 이선근(독립촉성연맹)·유진산(청년총동맹)·선우기성(서북청년회)이 부위원장을 맡았다. 주비위원회는 공동성명에서 '금번 대륙 이역에서 전 생애를 조국 광복에 바쳐 청년과 함께 혈전혈투하여 온 청천 이 장군을 맞이하여 과거의 그 종파 그 소아독선소영웅을 일체 폐기하고 드디어 이에 완전 무조건하고 합동을 결의하였음'을 선언했다. 그 해 8월까지 족청(이범석)과 대한독립촉성청년단(서상천)을 제외한 26개의 청년단체가 통합에 합류했다.

이를 바탕으로 지청천은 대동청년단 출범을 앞두고 미 주둔군 사령관 하지 중장에게 다음과 같은 내용의 「건군계획서」를 제출했다. 이것은 그가 곧 설립될 대동청년단이 건군의 모태로서 앞으로 어떠한 계획

| 1947년 환국 후 光靑 출신 청년들과 함께, 사진 중앙이 지청천

을 세우고 있었는지를 잘 보여준다.

한국문제에 관한 한 미국과 소련의 협정에 의한 해결은 불가능하다. 소련은 한국에 대한 영토적 야심과 볼셰비키화의 계획이 있다. 현재 한국의 경비대는 침공에 대비할 만한 군사적 성격을 결여하고 있다. 더욱이 경비대는 공산주의자가 절반이고 군사경험이 부족한 장교들은 경비대를 통제할 능력이 없다. 따라서 경비대는 반란적 행동의 위험이 있다. 통일한국 수립에 국제적 추세가 유리하지 않은 상황에서 군대의 건설이 긴요하다.

한국은 일본제국주의의 재침공을 감시하고 공산주의와 대항하는 것이 우선 과제이다. 한국군은 38경계선을 보호할 것이다. 이를 위하여 필요한 군사력은 보병 15개 사단, 기갑 2개 사단, 항공 1개 사단, 총 18개 사단 29만 3,160명이다. 이들 병력은 국가의 안녕을 유지하고 해안과 국경을 지키는 임무를 수행하며 비상시 야전군의 임무를 수행한다. 현재 심각한 상황을 고려할 때 군대는 빨리 조직되어야 하며 전쟁에 대비하여 적절한 훈련을 받아야 한다. 현재 한국 내 군입대 적령 청년은 300만 명인데 일본군에 복무한 경험이 있는 청년은 20만 명이고 월남한 청년은 6만 명이다. 청년활동은 통일된 지도력의 결여로 침체되어 있는데, 다양한 청년단체는 대동청년단으로 통일됨으로써 한국군대의 조직을 위한 계획이 추진될 것이다. 선발된 청년들은 육해공군출신동지회의 간부 요원에 의해 훈련받을 것이다. 또한 만주에는 독립군 조직이 있는데, 이들을 재조직하여 국내와 호응 공산주의 세력에 대처해야 한다.

반란의 위험이 있는 경비대는 대동청년단·동지회와 합병하여 군대로 조직되어야 한다. 현재 한국은 현대적 장비를 갖춘 군대 건립의 가능성이 없으므로 미국은 이를 지원해야 한다. 한국 문제는 미국의 지원으로 한국인 스스로에 의해 해결되어야 한다. 이를 통해서만 한국은 세계 평화의 발전을 위해 아낌없이 노력한다. 또한 모든 제도는 한국의 실제상황에 따라야 한다. 본인이 계획하고 있는 대동청년단과 동지회 활동이 한국문제의 합리적 해결, 나아가 세계평화에 많은 도움이 될 것이다.

여기서 지청천은 소련의 한국에 대한 영토적 야심을 강조하고, 현재

| 국회 국방위원장 시절 전선을 시찰하는 지청천

남한에서 군대 건설이 그 무엇보다도 시급한 과제임을 강조했다. 그러나 남한에 있는 국방경비대는 군사적 성격이 미약하고 그 이념적 성격 또한 매우 불투명하므로 남한의 군대 창설에 있어서 필요한 인적요소인 청년들의 수적인 규모를 제시하고, 우선 이들을 대동청년단으로 통합시켜 군대 창설을 원활하게 하고자 한 것이다. 즉 건군의 토대가 되는 청년들을 하나의 청년단체로 흡수하고 이들을 훈련시켜 건군의 기초를 세우고자 했다.

그러나 청년단체 만으로 건군 작업이 원활하게 될 수 없다는 데에 지청천의 고민이 있었다. 대개의 청년들이 군사 경험이 전무했기 때문이다. 따라서 이들을 군사적으로 훈련시킬 간부가 필요했으나 이러한 역할이 광복군 출신만으로는 절대 부족한 것이 당시의 현실이었다. 이에 지청천은 일제하에 강제로 혹은 타의에 의해 일본군에 복무한 경험이 있는 장교와 하사관을 조직하여 올바른 민족정신으로 재무장시키고 이들을 건군대열에 활용할 필요성이 대두되었다. 이에 따라 1947년 12월 말 서울에서 '육해군출신동지회'가 발족했고 지청천은 동지회의 고문을 맡았다. 육해군출신동지회는 지방조직에도 착수하여 회원이 1만 5천여 명에 달했다. 다만 후에 이들 중 상당수가 과거 일본군에서 복무했던 것에 대한 뼈저린 반성과 성찰 없이 건군에 참여해 적지 않은 부작용을 일으켰다. 이것은 뒤에 청년단체의 군사훈련을 거친 청년들이 국군에 입대한 것은 사실이지만, 조직적 전환을 이룰 만큼 대동청년단의 건군활동이 성공적이지는 못했음을 말해준다. 결국 육해군출신동지회의 군사훈련 참여도 실제 건군으로 직결되지는 못했다.

주목되는 것은 지청천이 미군정 당국에 「건군계획서」를 제출한 날 대한민국임시정부의 국무위원과 한국독립당 중앙집행위원직을 사임하고 이승만을 지지한다는 성명서를 발표했다는 사실이다. 이것은 미군정과는 관계가 이미 끝난 임시정부와 절연하지 않는 한 그가 제출한 「건군계획서」는 받아들여질 수 없다고 판단했기 때문이다. 이승만에 대한 지지 성명도 동일한 맥락이었다.

1947년 9월 21일 서울운동장에서 대동청년단 결성식이 거행되었다. 결성식에는 김구·오세창·신익희·조성환·최동오·유억겸·조병옥 등 정당·사회단체 대표들과 시민 등 3만 5천 명이 참석했다. 개회사에서

| 공군기지(사천비행장)를 시찰하는 지청천(오른쪽에서 네 번째)

지청천은 이렇게 역설했다.

"단원은 남북을 통한 조국의 완전 자주독립과 새 조선의 건설을 위한 진정한 일꾼이 되고 전국민의 모범이 되도록 노력하기 바란다."

나아가 그는 취임사를 통해 그의 정치적 지향을 분명히 했다.

한국의 부흥을 위하여 노력할 것이다. 조국의 완전 독립은 청년이 한 덩어리로 뭉침으로 인하여 완수할 수 있으며 지청천이 비록 늙었으나 청년들의 앞에서 청년들과 함께 조국의 완전 독립만을 위하여 싸우겠다. 우리의 주권을 되찾기 위한 긴급한 문제를 해결하기 위하여 총선을 지지

한다. 우리의 독립을 획득함에 있어 이승만을 지지하는 것이 가장 효과적인 방법이다.

어쨌든 지청천은 대동청년단의 출범으로 건군 1단계 사업의 토대를 구축하게 되었다.

그러나 통합과정에서 갈등이 빚어졌다. 우선 기존 청년단체들이 통합의 명분에는 동감했지만 막상 자신들의 단체를 해산하고 대동청년단에 합류한 후에는 자신들의 위치에 대한 불안감이 있었다. 게다가 지청천 중심의 통합에 전폭적인 지지성명까지 냈던 이승만이 회의적인 태도로 돌아섰다. 그는 대동청년단으로 청년단체 통합이 높은 호응 속에 순조롭게 진행되자 지청천 개인의 세력이 강대해질 것 등을 우려하여 종래의 태도를 바꾸었다. 이 때문에 당초부터 통합에 적극적이었던 청총과 서청도 일부만이 참여하는 등 단체들이 상당수 이탈하여 군소 우익 청년단체를 통합하는 데 그쳤다.

대동청년단이 결성되자 지청천은 2단계 사업인 단원의 군사훈련에 착수했는데, 이것은 3단계인 건군을 위한 준비작업이기도 했다. 그리하여 1947년 12월에 들어 그는 남한 내 전략적으로 중요한 지역인 서울·대구·대전·마산·광주·예천·진주 등에 훈련소를 개설했다. 1948년 초에는 홍성·유성·춘천에도 훈련소가 개설되었다. 이들 훈련소에서 실시된 군사훈련은 정규 군사훈련에는 미치지 못했으나, 조선민족청년단과 서북청년단 등 다른 청년단체에서 실시하는 훈련과 비교하면 훨씬 강도가 높았다. 같은 해 1월에는 옹진에 1개월 동안 군사훈련소를 개설하여

기초 군사훈련·한국사·경제학·공민학公民學 등을 가르쳤다.

대동청년단의 훈련은 특별과정과 일반과정으로 나뉘어 진행되었다. 이 가운데 특별과정에 응시할 수 있는 훈련생은 각 도단부의 단장, 도지사, 읍장 등의 추천에 의해서만 가능했고, 졸업 후에는 각 도단부 책임교관으로 충원되었다. 경비는 지방본부와 서울의 대동청년단 후원회에서 관리했고, 훈련은 중앙본부, 훈련관리부서, 육해공군출신동지회 등이 담당했다. 단원들의 훈련은 1947년 11월부터 시작되어 1948년 1월부터 전국적인 규모로 본격화되었다. 훈련 내용은 주로 군사훈련과 정신훈련으로 나뉘어져 있었는데, 군사훈련은 무기 사용법, 전쟁에 필요한 전술·전략 등을 습득하는 것이었다. 정신훈련의 경우 조선의 군 역사를 기본으로 국어·정치학·경제학·사회학·심리학·지리학·교육학 등 마치 중등과정의 사관학교를 방불케 했다. 1948년 4월 이후 선거법과 선거과정 등을 교과목에 추가하여 5·10선거에 대비하기도 했다.

지청천은 단원들을 훈련시키고 각지에 훈련소를 설치할 때마다 대동청년단이 '예비적 성격의 군대'라는 점을 늘 강조했다. 기획원장 이선근도 '조선의 군대는 지청천 장군의 지휘 아래 대동청년단이 짊어지게 될 것이며, 그 군대의 책임자가 지청천'이라는 점을 직설적으로 표현하기도 했다. 대동청년단원들에게 실시한 훈련이 갖는 중요한 의미는 청년운동을 통해 궁극적으로는 남한의 방위력이 될 수 있고 즉각적으로는 남한의 정치적 혼란을 안정시킬 수 있는 군대의 핵을 만드는 것이었다.

단원들의 인식도 완전히 동일했다. 이들은 국군이 되기 위해 훈련을 받는다는 의식이 강했다. 즉 대동청년단이 정부 수립 이후 국군의 모태가 될 것이며 자신들도 당연히 군인으로 편입될 것으로 생각했다. 실제로 5·10선거 이후 대한민국 정부가 그 모습을 갖추어가자 대동청년단 단원들은 창설될 국방군에 편입하기 위한 준비에 착수했다. 1948년 10월 여순사건이 발생하자 대동청년단은 대 좌익투쟁의 과정에서 경찰을 원조했으며 단원들은 경찰과 국군으로 전환했다. 이런 과정을 통해 정부 수립 이후 대동청년단에 남아 정치에 참여한 일부를 제외한 상당수의 단원들이 국군에 편입되었다.

전국 최다득표 국회의원

대동청년단을 토대로 국군을 창설할 것을 구상한 지청천의 입장에서 임시정부와 한국독립당의 직책을 사임하고 이승만 지지를 선언한 것은 불가피한 선택이었다. 임시정부는 미군정과 관계 회복이 불가능한 상태였고, 핵심적인 요인들은 이미 제 갈길을 가고 있었다. 오직 이승만이 미군정의 후원 하에 남한 정치의 유일한 대안으로 '대세'를 형성하고 있었던 것이다.

이 과정에서 지청천은 이루 말할 수 없는 인간적 고뇌를 겪어야 했다. 특히 중국에서 오랫동안 조국의 독립을 위해 함께 투쟁했던 김구와 견해 차이로 야기된 갈등은 신생 조국의 앞날을 위해서도 바람직하지 않았다. 귀국 직후까지도 지청천은 한국의 굳건한 자주독립과 한국민의 대동단결을 위해 이승만과 김구가 힘을 합해야 한다고 주장했다. 대동청년단을 결성하면서도 이것이 특정 정당이나 개인이 아닌 한국인 전체

| 1948년 대한민국 헌법기초위원, 앞줄 오른쪽에서 세 번째가 지청천

의 청년단임을 천명했다. 특히 김구와는 한국의 진정한 독립은 만주가 정치적으로 안정될 때만 가능하다는 점에 인식을 같이하고 이를 위해 공동의 계획을 세우기도 했다.

결정적인 견해 차이는 유엔에서 남한 총선거가 결정되고 이에 반대하여 김구가 남북협상에 나서면서 표면화되었다. 지청천은 남북협상에 대해 누군가는 나서야 할 일이나, 김구가 그 일을 시도해서는 안 된다는 생각이었다. 왜냐하면 과거에 만주와 노령, 중국 관내에서 여러 차례 공산주의자들과 제휴해 보았던 경험에 비추어 김구의 북행은 얻는 것보다는 잃는 것이 많을 것이라는 게 그의 판단이었다. 게다가 그는 이 일로 김구가 정치적 영향력을 잃어 이승만을 견제할 지도자가 없어지는 상황을 우려했다. 결국 김구의 북행은 전부터 모색했던 정치에 대한 지청천의 결심을 더욱 굳게 했다.

1948년 2월 지청천은 제헌국회의원 선거에 참여하기로 결정했다. 그는 유권자 다수가 자신을 지지할 것이고 동시에 대동청년단은 320만 명의 단원을 확보하고 있다면서 선거에 대한 자신감을 나타냈다. 그리고 군대 창설과 유지, 산업기반으로서 수력발전 개발, 시민생활과 군사시설 유지를 위한 산업 개발, 식목·수산업의 개발과 확장 등은 조선 부흥을 위한 필수적인 조건이라면서 당면과제로 제시했다. 이를테면 선거공약인 셈이었다.

지청천이 이끄는 대동청년단은 87명이 입후보하여 13명의 국회의원 당선자를 냈다. 13명은 독립촉성국민회(독촉, 56명), 한국민주당(28명)에 이은 순위였다. 지청천은 서울 성동구에 출마하여 전국 최다득표로 당선되었다. 이것은 정당이 아닌 청년조직으로서 든든한 재정적 뒷받침이나 정치이념의 선전이 없는 상황에서 이뤄낸 대단한 성과였다. 특히 지청천 자신이 서울에서 전국 최다득표로 당선된 것은 일제하에 목숨을 걸고 무장독립운동을 이끌었던 공로를 유권자들로부터 인정받은 것이었다. 혁명가에서 정치가로 변신에 성공한 것이다.

제헌국회는 이승만을 의장으로, 신익희와 김동원을 각각 부의장으로 선출했다. 지청천은 2차 국회부의장 선거에서 김동원과 경합하여 6표 차이로 낙선했다. 제헌국회에서 그는 헌법 및 정부조직법 기초위원으로 활동했는데, 당시 헌법 기초작업 중 중요 쟁점은 정부 형태를 대통령중심제로 할 것인가, 내각책임제로 할 것인가였다. 지청천은 내각책임제를 지지했으나 이승만의 막무가내식의 강력한 요구로 대통령중심제 헌법이 기초되었다.

헌법 초안 중 경제 조항에서 '공공의 필요가 있을 때 법률에 의해 기업을 국유나 공유로 바꾸거나 그 경영을 통제·관리할 수 있다'는 내용도 통제적 성격이 너무 강하다는 논란에 휩싸였다. 주목되는 것은 지청천은 원안을 지지했다는 것이다. 대한민국이 임시정부의 법통을 계승해 탄생하는 것이니 경제정책도 임시정부 건국강령에 명기되어 있는 것처럼 토지나 대생산기구 등은 당연히 국유로 해야 한다는 것이 그의 생각이었다. 일제의 오랜 침탈과 태평양전쟁으로 경제가 혼란한 상황에서 국가경제를 재건·발전시키고 생산을 증진하기 위해서는 어느 정도 국유화정책이 필요하다는 것이었다. 헌법 기초 전문위원이었던 유진오는 헌법 심의회의 당시 지청천의 모습을 아래와 같이 묘사했다.

제6장 경제로 들어가자 몇몇 의원이 원안은 통제의 색채가 너무 강하다고 반대 의견을 말하였다. …… 그리고 이 문제에 관해서는 조봉암 의원과 지청천 의원이 강력하게 원안 지지의 태도로 나왔다. 후에 제2독회로 들어가서 …… 원문대로 한다면 자유경제가 위축된다는 주장이 강력하게 전개되자 지청천 의원이 격앙된 태도로 자리를 일어나 회의장 중앙으로 걸어 나오면서 두 번, 세 번 조문을 낭독해 가면서, "이 조문이 왜 나쁘냐. 무엇이 어째서 나쁘냐"고 열변을 토하던 광경이 지금도 나에게는 엊그제 일같이 기억된다.

이러한 소신은 그가 뒤에 반공투쟁과 민족진영의 대동단결을 표방하고 한국민주당까지 포함하는 대정당의 결성을 주장하면서 표명한 신당 결성의 원칙에서도 거듭 확인된다. 1948년 10월 초 지청천은 한국민주당의 합류를 역설하면서, 한국민주당이 합류의 전제조건으로 민족사회주의와 남북통일 노선을 받아들일 것을 공개적으로 요구했다.

한민당 측과는 민족사회주의로 균형된 생활을 할 수 있는 국가 수립을 목표로 하는 민족진영 정당의 대동단결을 하자는데 의견을 보았을 뿐이며 구체적인 합의는 못 보았다. 지주와 특권계급을 옹호하는 케케묵은 보수주의는 이제부터의 조선에는 필요치 않다. 우리는 균형된 생활을 하여야 하지 않겠는가. 그리고 나는 독재를 싫어한다. 포섭 범위에 있어서는 될 수 있는 대로 광범하기를 요망하는데 진부한 보수주의와 여당적 성격을 띤 세력과는 합작하지 않을 것이다. 그리고 이제부터의 정당은 남북 통일을 전제로 하는 노선을 가져야 될 것이다.

이와 함께 지청천은 뜻을 같이하는 의원들과 더불어 '최고국방회의' 설치안을 국회 본회의에 제출했다. 이것은 정부 수립과정에 나타나는 혼란과 외부의 침략에 대응할 수 있는 강력한 국방력을 건설하기 위해서였다. 그러나 정부는 이러한 계획을 받아들이지 않았다. 오래지 않아 한국전쟁이 발발하자 지청천은 통분해 했다.
"이승만 대통령이 내 말을 듣지 않더니 결국 일이 터지고 말았다."
헌법이 제정된 뒤 국회에서 이승만이 대통령으로, 임시정부 출신의 이시영이 부통령으로 당선되었다. 뒤이어 국무총리의 인선과 각부 장관의 임명이 진행되었는데, 예상을 뒤엎고 광복군 시절 지청천의 부하였던 이범석이 국무총리 겸 국방부 장관으로 임명되자 대동청년단원들은 적지 않게 실망했다. 미군정에서 경쟁관계에 있었던 족청 단장인 이범석은 입각했으나, 광복군 총사령을 지내고 대동청년단장이며 제헌국회의원 선거에서 전국 최다득표를 한 지청천은 입각이 되지 않았기 때문이다. 지청천 자신도 초대 내각 구성에 대해 실망감을 감추지 않았다.

> 비평하려 들자면 여러 가지로 말할 수 있으나 일체 언급하고 싶지 않다. 다만 이 대통령에게 바라는 것은 정권 이양이나 잘 받기를 바랄 뿐이다.

초대 내각 구성에 대해 이것은 민의와 여론을 도외시한 것이며, 현 내각은 약체내각이라는 등의 비판이 수그러들지 않자 이승만은 국회 내각 정파의 불만을 무마하기 위해 무임소 국무위원직을 급조했다. 그리고 그 직에 김성수·지청천·이윤영을 임명했다. 이는 한국민주당, 대동청년단, 월남한 북한주민들의 불만을 잠재우기 위한 방책이었다. 당초 지청천은 졸속으로 마련된 무임소장관 취임 요청을 거절했으나 곧 대국적 견지에서 갓 출범하는 신생정부의 대내외적 위신을 고려해 마지못해 이를 수락했다. 그러나 대한민국 정부가 수립되고 미국 등 국제적으로도 승인을 받자 1948년 9월 말 무임소장관직을 사임했다.

이후 지청천은 국회에서 대한민국의 국방력 강화를 위한 의정활동에 전력을 기울였다. 1948년 10월 20일 여순사건 발생 후에는 국회에 구성된 시국대책위원회 위원장으로 활동했다. 여순사건은 제주도 4·3사건을 진압하기 위해 출동한 군대 일부에서 '공산주의자' 등이 주도해 반란을 일으켜 반란군과 진압 경찰·국군 간에 수천 명의 사상자가 발생한 사건인데, 지청천은 진압군 육군 소위로 출동했던 차남 정계正桂가 전남 보성에서 전사하는 아픔을 겪었다.

시국대책위원회(비상위원회)의 구성은 위원장 지청천을 비롯해 부위원장 서상일, 위원 곽상훈·김준연·이훈구 등 20명이었다. 지청천은 위원장으로서 대한민국 정부 수립 후 최초의 난국을 극복하기 위해 노력했다. 대책위원회는 정부를 강하게 만들고 애국청년단체를 통합하여 국방력을 강화하는 방안을 제시해 난국에 대처하고 이를 극복하고자 했다. 특히 청년단체의 해산을 통한 통합, 군대의 창설 등은 문제의 중대성에 비추어 전에 지청천이 초안했던 내용을 다음과 같이 재작성 후 제출하여 국회에서 가결시켰다.

① 애국청년단체로부터 5만 명이 국가 방위를 위한 청년연맹으로 조직되어야 한다.
② 정부 세 분야의 일곱 명의 대표와 청년 그룹을 대표하는 일곱 명으로 구성되는 최고위원회가 수립되어야 한다. 다음 청년단체로부터 각 1명의 대표가 최고위원회에 봉사해야 한다. 한국청년연합·대한독립청년단·서북청년단·한국학생민족연맹·대동청년단·조선민족청년단·민족청년그룹
③ 최고위원회의 조사 후에 군사훈련을 받은 이들 청년단체의 청년들은

군에 배속되도록 허락될 것이다.

④ 군을 설립할 결정의 채택에 따라 모든 청년단체는 국가 방위를 위한 청년연맹으로 통합될 것이고 이는 의무적으로 군사훈련을 받게 될 것이다.

⑤ 국가 방위를 위한 청년연맹의 수립에 따라 모든 청년단체는 해산될 것이다.

요컨대 정부 수립 뒤에도 즉각적으로 실행되고 있지 않던 국군의 강화를 위해 청년단체를 발전적으로 해산하여 통합하고, 이를 기초로 하여 군사훈련을 받은 청년들은 군에 배속시켜 군을 강화한다는 것이다. 이것은 해방이 되었어도 총사령관으로서 한국광복군과 함께 귀국하지 못하고 홀로 들어와 있던 지청천이 청년운동에 매진하면서 숙원해 왔던 것이었다.

국회의원 지청천의 국방력 강화를 위한 노력의 백미는 '병역법' 제안이다. 1949년 7월 지청천은 국회 외무국방위원장으로서 세계 여러 나라의 병역제도를 조사하고 참고해 한국의 실정과 민도에 맞게 8장 81조의 병역법을 제안했다. 이 병역법의 특징은 국민개병 정신을 전제로 한 의무병제를 채택했다는 점과 예비역·상비역으로 구분하고 여순사건 같은 국가 비상사태에는 호국병제도를 통해 국민 전체가 동원될 수 있도록 했다는 점이다. 이와 같은 병역법 상정을 앞두고 지청천은 다음과 같이 연설했다.

병역법의 입법정신

본 병역법안은 8장 81조로 되어 있는데, 본 법안을 기초할 때는 영국·미국·오스트리아·중국·아세아 등지의 열국의 병역제도를 조사한 것입니다. 그네들의 병역제도를 참고하는 동시에 우리나라 보위에 가장 필요한 한도의 병원兵員을 얻는 여러 가지를 참작해서 국정과 민도에 맞는 계획을 안출하려고 노력한 것입니다. ……

대개 국방을 하려고 하면 여러 가지 요소가 있어야 하지만 그 중 제1요소는 인적 요소입니다. 즉 우리 국민 삼천만 중에서 병역에 소요원수所要員數를 얻어내는 것이 국방상 제일 인적 요소로 해결해야 할 문제인데 대개 병역 적년에 찬 사람을 계산해 보면 약 1%, 즉 삼천만의 백분지 일로 매년 약 삼십만·사십만은 징모할 수 있는 형편입니다. 이 법안의 중요한 골자는 국민개병제로 필히 의무병제로서, 이것을 한국 국정에 맞는 병역제도로 인정을 하게 된 것입니다.

첫째, 우리나라가 본래 북으로 남으로 막대한 외국의 포위를 당하고 있는데 삼면 바다의 우리나라를 완전히 지키려고 하면 상당한 배역을 요하게 되는데 이 나라의 경제형편은 가장 불행한 나라의 하나입니다. 그런 고로 국재國財의 소비를 가장 적게 하고 국방상 필요한 수량을 안출해내는 것이 가장 고심한 문제입니다. 그리고 우리는 필시 의무제를 취급치 않으면 국방의 방법이 없는 것입니다. 또 현재의 이 징모방법을 가지고서는 확고한 군사력을 건립할 도리가 없습니다. 제일 신체의 강약으로 봐서 또는 연령이 차지 못한 병사들을 모아가지고서는 감히 군사를 확립할 수가 없는 것입니다. 사상상思想上으로 보아서 연령이 부족하고, 더구나 각 지역별로 현재 조직되어 있는데, 여기서 통일된 사상을 건립하기가 대단히 곤란한 것입니다. 이 병역제도를 적용해서 20세 안팎의 청년을 일제히 소집해가지고서 그네들에게 군사에 필요한 모든 것을 훈련한 후에 국민으로서 당연히 지켜갈 모든 정신적 훈련을 해놓는 것이 사상 교도에 대단히 필요한 것입니다. 국민의 정신사상을 건립하는 데에는, 한국 민족을 통히 대표할 만한 인정된 한국 군인으로 건립하는 방법은 이 길을 취하지 않고서는 도리가 없는 것입니다. ……

그리고 병역제도에 관해서는 국가에 들어오는 경비를 가지고 소요에 달할 병력을 제조하기 위하여 그 병역 연한에 대해서는 대단히 고려할 점입니다. 가령 예비역과 상비역에 대해서는 남의 나라 예로 많이 보았지만 우리 국민의 신체의 발육 정도, 그네가 가진 바, 지식수준 정도 등 여러 가지를 고려해서 될 수 있으면 복역기간을 단축하고 재영在營 군인을 내보내서 병력을 항간巷間에 저축하는 것입니다. 이것은 우리 국민의 국비를 절약하는 방법인데 앞으로 교육 진도에 따라서 이것은 차차로 재영기간이 단축되리라 믿습니다. 그 다음에 소요 병기도 우리가 제조하여야 하지만 근본 국민의 생활의 생산이 없는 데 반해서 무제한한 병력만 봐가지고는 전국 생산의 큰 혼란과 손실을 주게 되므로 이 방법에 반한 것은 유의留意 고려한 것입니다. ……

만일 국가가 소란하거나 전쟁을 하거나 비상사태에 대해서 호국 병역이 임시로 동원할 수 있는 특색을 가지고 있는 것입니다.

지청천의 설명에 따르면 이 병역법은 남북으로 외국에 둘러싸여 있고

3면이 바다인 한국의 방위력 강화와 정부수립 후 궁핍한 국가재정을 고려할 때 국민개병에 의한 의무제 시행은 불가피한 것이었다. 또한 예전의 병역제도로는 군사력의 제1요소인 강력한 군사의 확립이 불가능하기 때문에 의무병제도가 필요하다고 역설하고 있다. 군 복무기간은 상황을 고려하여 점차 단축되는 것으로 되어 있다. 이 병역법은 제안된 지 3일만에 국회에서 가결되어 대한민국 국방력 강화의 기초가 되었다.

그리운 동지들 곁으로

1950년 6월 25일 북한의 남침으로 한국전쟁이 발발했다. 기습적인 무력공격이었음을 감안해도 정부의 대응은 무력하기 짝이 없었다. 수도 서울은 3일만에 점령되었고 어렵게 되찾아 힘들게 세운 대한민국 정부는 서울에서 수원으로, 다시 대전에서 부산을 전전하는 망명정부의 신세가 되고 말았다.

해방 후 북한은 소련과 중공의 지원을 받으면서 군사력을 크게 증강시켰다. 장비는 소련에서 지원받고, 병력은 중국으로부터 국공내전에 참전했던 조선인 병력 다수를 북한으로 귀환하게 하여 '조선인민군'의 중핵으로 삼았다. 그리하여 소련의 현대식 무기로 무장한 북한의 병력은 전쟁 발발 당시 13만 5천 명이 넘었다. 반면에 남한은 이승만 대통령과 신성모 국방부장관 등이 전쟁을 개시하면 3일 안에 평양에 들어간다는 호언장담만 했지, 군사력 강화를 위한 실질적인 노력은 기울이지 않았다. 미국도 소련을 자극하지 않기 위해 남한의 군사력 강화에 소극적

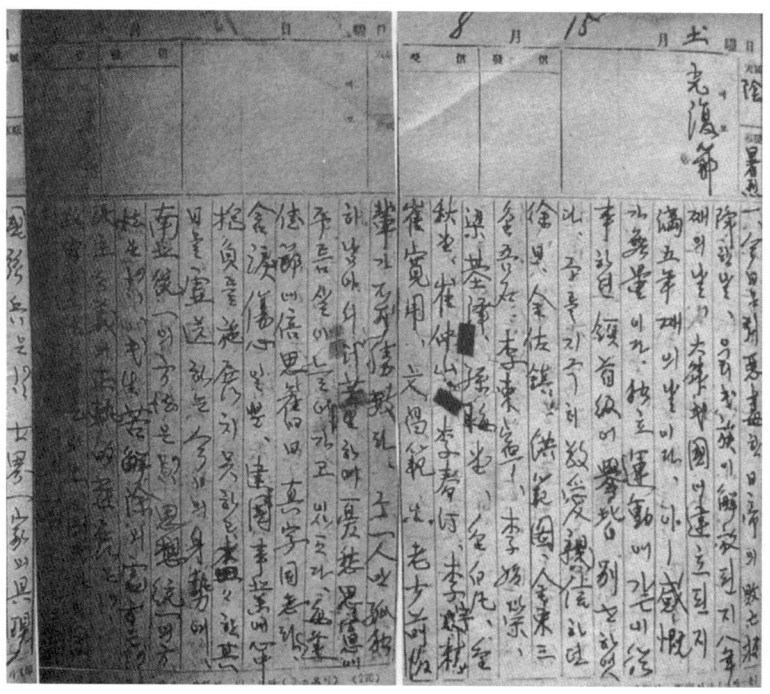

| 광복절을 맞이한 소감(1953년 8월 15일 일기)

이었다. 개전 당시 남한의 무장력은 병력 5만 명에 미군의 M1 소총과 일본군의 99식 소총, 경기관총과 M-8형 장갑차 27량이 전부였다.

지청천이 보기에 한국전쟁을 막을 수 있는 기회는 여러 번 있었다. 우선 중국에서 구상했던 양병론에 의해 해방 직후 확군된 한국광복군이 조국에 귀환했더라면 전쟁의 참화를 미연에 방지할 수 있었다. 다음으로 그가 귀국 후 전력을 기울여 결성한 대동청년단과 육해군출신동지회를 근간으로 제때에 군대를 창설했다면 한국전쟁을 막을 수 있었다. 또한 여순사건을 계기로 국방력 강화를 위한 청년단체의 통합과 이들의 군사훈련을 통한 강한 군대의 조성이 이루어졌으면 남북한 간의 군사력 균형으로 전쟁의 발발을 억지할 수 있었을 것이었다. 한국전쟁이 발발하자 지청천은 귀국 후 줄곧 벌여온 국방력 강화를 위한 노력이 수포로 돌아간 데 통분해했다.

"이승만 대통령이 내 말을 듣지 않더니만 결국 일이 벌어지고 말았다."

정부가 부산에 정착하면서 지청천도 부산으로 이동하여 의정활동에 주력했다. 당시 그는 민주국민당 대표최고위원·중앙최고위원회 의장으로 전시상황임을 감안, 민족주의에 근거한 정당의 대동단결을 주장했다.

정당이 아닌 청년단체의 수장으로 국회의원에 당선되고 제헌국회가 개원하자 지청천은 신익희와 함께 대동청년단과 무소속 의원을 중심으로 국회 안에 3·1구락부를 조직했다. 두 사람은 신정부 수립과정에서 소외되어 야당으로 돌아선 한국민주당과 통합하여 민주국민당을 창설했고, 지청천이 대표최고위원을 맡았다. 그는 1950년 5월 30일 제2대 국회의원 선거 때 역시 서울 성동구(갑구)에 출마하여 당선되었으나 그가 대표로 있던 민주국민당은 참패했다. 민주국민당은 국회를 중심으로 반反이승만 활동을 강화하고 내각제 개헌을 실현시키기 위한 활동을 전개했으며 지청천은 그 중심에서 활약했다.

1952년 6·25기념식장에서 민주국민당 의원이 관련된 대통령 저격 사건이 발생하자 그는 고심 끝에 탈당을 결행했다. 대동단결을 주장하

| 지청천의 사회장 장례 행렬(1957년), 화랑 60명이 길을 인도하고 있다.

던 지청천으로서는 일국의 원수를 전시하 망명 중인 임시수도에서 소속 당의 의원이 관여하여 저격하게 한 사실을 받아들일 수가 없었다. 그는 '만일에 비법 처단이 있을 경우에는 신탁이나 군정이나 연합군의 철퇴나 최소한 유엔 원조의 단절이 올 것'이므로 '이 몇 가지 중에 한 안이라도 결정되는 단계에 임한다면 우리의 주권은 상실되고 민족의 전도는 불감설상不堪設想'임을 크게 우려했다.

이후 지청천은 대동청년단과 한국독립당 출신 동지들의 요청을 받아들여 자유당에 입당했다. 다만 자유당 입당은 그가 정부 여당에 들어가 내부에서 잘못된 점을 비판하고 이를 바로잡기 위함이었다는 나름의 명

| 지청천의 묘(국립 서울현충원)

분에도 불구하고, 과거 임시정부·한국독립당과 결별했던 사실과 함께 비판의 빌미가 되기도 했다.

이 무렵 그의 건강은 썩 좋지 않았다. 한국전쟁이 발발했을 때 이미 회갑을 훌쩍 넘어섰고 1952년 자유당에 입당할 즈음에는 가슴앓이·견비통·보행 등의 어려움으로 매사가 힘에 부쳐 예전처럼 조국의 재건을 위한 사업에 진력할 수가 없었다. 그리하여 전쟁이 끝난 뒤 1954년에 치러진 제3대 국회의원 선거에 출마하지 않았다. 일찍이 어려서부터 구국의 방략으로 일본 유학을 하고 만주로 망명하여 무장항일의 기치를 높이며 만주와 시베리아, 중국대륙을 누비며 조국의 독립과 자주국가

| 지청천의 어록비(독립기념관)

  건설을 위해 전력투구한 지 30여 년, 그 오랜 세월이 그의 건강을 앗아 간 것이다. 거기에 빈곤한 가세는 그의 심신을 더욱 괴롭혔다. 이로 인해 와병 여러 해에 1957년 1월 15일 그렇게 소망하던 남북통일과 조국의 완전한 자주독립을 보지 못하고 세상을 떴으니 향년 70세였다.

  그는 깊고 깊은 여한을 남기고 30여 년 만주·시베리아·중국대륙에서 조국의 독립을 향한 불같은 기운으로 천지를 호령하며 함께 많은 고생을 했던 그리운 혁명 동지들 곁으로 떠났다.

  한국전쟁이 끝난 직후 1953년 광복절을 맞아 쓴 일기에서 지청천은 가슴시린 그리움으로 앞서 떠난 동지들의 이름을 하나하나 기록하면서

| 수유리 애국지사 묘역에 건립된 지청천의 紀蹟碑(1989)

미처 이루지 못한 과제들을 적어놓았다. 그런데 이것은 안타깝게도 여전히 오늘을 살아가는 우리들이 풀어야 할 숙제로 남아 있다.

오늘은 악랄한 일제가 패망 투항한 날, 우리 민족이 해방된 지 8년째의 날, 대한민국이 건립된 지 만 5년째의 날이다. 아. 감개가 무량이다. 독립운동에 같이 종사하던 영수급이 거개 별세하였다. 여子를 지극히 경애 친신하던 서일·김좌진·홍범도·김동삼·김오석·이동녕·이시영·양기탁·손희당·김백범·김추당·최중산·이춘정·이우정·최관용·문창범 등 노소 전후배가 불가승수不可勝數라. 여 일인만 고독히 남아서 더 고생하여 우수사려憂愁思慮에 주름살이 늘어가고 있도다. 매봉가절每逢佳節에 배사구일倍思舊日 진자동지眞字同志라. 함루상심含淚傷心일 뿐. 건국사업에 심중 포부를 시전施展치 못하고 답답한 기일을 허송하는 금일의 신세여. 남북 통일의 방법은?! 사상 통일의 방법은?! 민생고 해제의 처방은?! 민주주의의 정궤적正軌的 발전은?! 정부·입법·사법 등 국민과의 단결과 진책盡責은?! 진정한 부국강병은?! 세계 일가의 구현은 하시何時?!

| 백산 지청천의 삶과 자취

1888. 1. 25(음)   서울 삼청동 30번지에서 출생
1892. 9. 5(음)   부친 지재선池在善 서거
1894. 6. 21(음)   갑오 6월지변六月之變을 경험
1894   서당에서 수학(3년)
1897   교동소학교 편입, 신학문 수학
1899   교동소학교 졸업
1904   배재학당 입학, 재학 중 황성기독교청년회 가입·활동
1907   대한제국 육군무관학교 입학
1908   파평坡平 윤씨尹氏 용자龍慈와 결혼
1909. 9   대한제국 육군무관학교 폐교로 인해 국비생으로 일본 유학길에 오름, 일본 육군유년학교 2학년에 편입
1909. 8. 6(음)   장남 달수達洙 출생
1910. 8. 29   경술국치를 당하자 사관학교 유학생들과 함께 청산靑山에서 비밀회합을 갖고, 근대적 군사훈련을 습득하고 중위가 된 뒤 일본군을 탈출해 항일무장투쟁을 전개할 것을 맹세('청산의 맹세')
1910. 말   육군유년학교 예과 졸업, 본과 진학
1911. 1. 4(음)   모친 경주慶州 이씨 李氏 서거
1912. 6   육군유년학교 졸업, 6개월간 부대 근무
1912. 12   일본 육군사관학교 입학

1914. 4. 9(음)	장녀 선영善榮 출생
1914. 여름	일본 육군사관학교 졸업(26기), 6개월간 견습 사관
1914. 12	일본육군 소위 임관, 보병 제10연대(일명 희로연대) 근무
1915	제1차 세계대전에 참전, 청도전쟁에 참전해 독일군과 전투, 참전 후 중위로 승진
1919. 3	2·8독립선언 및 3·1운동을 계기로 망명 결심을 굳히고, 이후 일부러 건강을 해쳐 병가를 얻어서 한국으로 돌아옴
1919. 4. 11(음)	차녀 복영復榮 출생
1919. 4. 14(음)	일본군 현역장교 신분으로 일본 육사 23기 김광서와 함께 서간도로 망명, 군용지도와 최신 병서를 지니고 한족회韓族會가 세운 신흥학교를 찾아감
1919. 5. 3(음)	신흥무관학교 개교식, 교관에 이어 교성대장에 취임
1919. 11	서로군정서 사령관에 취임
1920. 6~7	일본군의 침략과 중국 관헌의 압박을 피해 무관학교 생도들을 이끌고 안도현 삼림지대로 이동, 군사훈련 재개
1920. 7. 29	서로군정서 사령관 자격으로 북로군정서에 서한을 보내 안도현에서 항일 군사단체의 대동단결을 기할 것을 요청
1920. 10. 말	청산리에서 적의 포위를 돌파하고 안도현으로 이동한 홍범도부대와 합동하여 대한의용군 결성, 부사령관에 취임(사령관 홍범도)
1920. 11	북만주 밀산으로 대장정(대사하-돈화-도쿄-영안-목릉-밀산)
1920. 12	밀산에서 각 무장단체와 더불어 대한독립군단 결성, 여단장에 취임, 병력 3,500여 명(총재 서일, 부총재 홍범도·김좌진·조성환, 총사령 김규식), 노령 이만으로 이동 결정
1920. 12	호림현에서 우수리강을 건너면서 일본군 양목강楊木岡 수비

223

	대와 전투, 이를 격퇴함
1921. 1	이만에 도착, 홍범도와 함께 치타정부(극동공화국)와 군사협정 체결. 대한의용군 총사령부를 조직하고 홍범도·서일 등과 함께 참모부원으로 취임. 총사령부 총교관으로 선임되어 노령 마사노프에서 만주와 노령 독립군의 군사훈련 실시
1921. 4	마사노프에서 만주로 돌아가고자 흑하로 갔다가 고려혁명군정의회의 군관학교 건립 제안을 받고 자유시에 남음
1921. 5	고려혁명군정의회의 고려각의용대교관(총교관)으로 선임, 각 무장단체 자유시로 이동하여 통합을 위한 회의 개최, 상해파와 이르쿠츠크파 간에 통합될 부대의 군권 다툼 극심
1921. 6. 28	소련군에 의한 사할린부대의 무장해제, 자유시사변 발생
1921. 8. 5	각 무장독립군 단체 이르쿠츠크로 이동, 1개 여단 편성(총 2,100여 명)
1921. 10. 28	고려혁명군관학교 설립하고 교장에 취임, 만주로 돌아가 독립전쟁을 치를 군사인재 양성에 전력
1922. 4	군관학교 교육방침이 소련 당국과 대립되어 체포되어 사형선고 받음. 오광선이 만주로 탈출하여 만주와 상해의 독립운동 지도자들에게 알림
1922. 7. 2	상해 『독립신문』에 이르쿠츠크의 상황이 보도되고, 임시정부와 상해 각 단체가 지청천의 석방을 위한 외교적 노력을 기울여 특사로 석방됨
1922. 8. 15	일제의 압력으로 고려혁명군관학교 원동遠東으로 이동
1922. 말	만주를 경유하여 상해 국민대표회의에 참석(고려혁명군특립연대 대표)
1923. 2. 3	국민대표회의 군사위원에 선임

1923. 4. 17	국민대표회의에 '군사의안 보고' 작성 제출
1923. 5. 1	국민대표회의에서 개조파 회의 탈퇴, 창조파만의 회의 계속, 6월 7일 창조파 회의에서 군사위원장에 피임되었으나 국민대표회의가 통일되지 못한 것을 비판하고 퇴장
1923. 8. 20	항일무장투쟁에 유리한 노령·만주로 이동할 것을 결정하고 창조파 국무위원 제의 수락, 군무위원장 국민위원회 위원으로 피임, 선편으로 20일 상해 출발, 30일 노령 블라디보스토크 도착
1923. 9. 5	만주 소수분 근처 토성자에서 개최된 독립운동 단체 대표자 회의 참석
1923. 9. 10	김규식·윤해·원세훈·신숙과 함께 파인버그·한명세·이동휘 등과 외교·군사협정 교섭
1924. 2	러·일 협상을 추진 중이던 러시아가 일본의 압력을 우려하여 협상을 취소하고 국민위원회의 출국을 요구하여 각 활동 지역, 단체로 복귀해 활동할 것 결정
1924. 7	국민위원회 결의사항과 한국독립당 조직안 선포
1925. 1	8개 독립운동 단체의 통합으로 만주에 건설된 정의부의 군사위원장 겸 총사령관에 취임·활동
1925. 2. 22(음)	차남 정계正桂 출생
1925	현익철 등과 정의부 내 민족주의 결사로 다물청년당 조직, 청년들 지도
1926. 4	국내·만주·노령을 연결하는 삼각동맹으로 고려혁명당 조직, 위원에 선임
1928. 5. 12	화전현 흥화학교에서 18개 단체 대표 39명이 모여 전민족유일당조직회의 개최, 진행위원으로 선임

1928. 5. 21	반석현 대동농장에서 3차 민족유일당 조직회의 개최하여 집행위원으로 선임
1928. 8. 24	제5회 정의부 중앙의회 참가하여 유일당 조직방안에 대한 견해 차이로 김동삼·김상덕 등과 정의부 직무 포기 선언
1928. 12	3부 통합운동에 의한 혁신의회 조직에 참여하여 중앙집행위원에 선임
1929. 4	민족유일독립당재만책진회 조직하여 집행위원으로 선임
1929	북만주 오상현으로 이동하여 생육사生六社 조직, 중앙집행간사로 선임되어 독립운동 자금 확보, 혁명인재 양성
1930. 7	위하현에서 한국독립당 결성하여 군사위원장에 선임. 영안현에서 단체 대표들이 모여 한국독립당을 강화하고 당군을 편성하여 훈련시킬 것 결정
1931. 2	오길밀하에서 한국독립당의 합법조직으로 한족(자치)연합회 결성하고 군사부 위원으로 선임
1931. 10. 2	만주사변이 발발하자 한국독립군을 편성하고 총사령관에 취임
1931. 10. 18	석두하자에서 개최된 시국대책회의에 참석하여 각 단체의 군사력을 대동단결시켜 중국군과 연합 항전할 것을 결의
1931. 11. 12	신숙과 남대관을 호로군연합군총부로 파견하여 정초丁超 등과 협의하여 한·중 연합에 대한 회답을 받음
1931. 11. 말	만주 36개 군구에 총동원령을 내리고 징모 요원을 각지로 파견하여 한국독립군 기간부대의 편성 시작
1931. 12. 11	최악·오광선·심만호 등을 대동하고 호로군총부에 가서 한·중 연합협정 체결
1931. 12	장녀 선영 오상현 소석하에서 독립운동가 심만호의 조카 광

	식光植과 결혼
1932. 1. 5	빈현에서 개최된 단체 대표회의에 참석, 중국군과 연합하여 무장 항일할 것을 주장
1932. 1. 초	정초군丁超軍으로부터 무기를 지원받고, 우선 도착한 한국독립군을 무장한 후 하얼빈 등지에서 소규모 전투 시작
1932. 2. 21	위사하·일면파·오길밀·밀로참·연수·방정·의란 등지에서 전투
1932. 5	한국독립군 총사령부 송화강을 건너 목란 지방으로 후퇴
1932. 6. 말	적의 경계를 뚫고 송화강을 건너 납림 지방으로 이동하여 한국독립군을 재편하여 완전한 편제 갖춤, 재향군인 소집·훈련
1932. 9. 19	전략적 요충지인 쌍성 공격, 고봉림부대 등 중국군과 연합하여 전투에서 승전, 적의 공습에 대비하여 쌍성 근처 우가둔으로 이동
1932. 11. 17	제2차 쌍성 공격에서 승전, 전투기를 앞세운 일본군의 진공으로 충하진으로 후퇴, 오상현 사하자에서 한국독립군·한국독립당 연석회의를 갖고 군사활동 지역을 동만으로 이동하기로 결정
1933. 1. 1	동만의 왕덕림王德林부대와 연합하기 위해 신숙 등을 대동하고 액목현 길림구국군 선봉사령부로 감. 왕덕림·오의성吳義成 계열의 구국군 시세영柴世榮부대와 연합
1933	시세영부대와 한·중연합토일군을 결성하고 영안현 경박호에 도착, 산곡에 매복하여 일·만군 1개 부대 섬멸.
1933. 6. 7	동경성東京城을 공격하여 3시간여 전투 후 승리. 역습을 예상하여 왕청 동녕현 사이의 삼림지대로 이동
1933. 6. 30	대전자령(태평령)에서 시세영부대와 함께 일본군 간도파견군

	1,600여 명 섬멸
1933. 7	대전자(나자구)에 주둔하면서 군세 확장, 중국군 오의성부대가 대전자로 이동해와 한국독립군과 연합
1933. 9. 6	오의성부대와 연합하여 동녕현을 공격하여 승전했으나, 대포와 장갑차를 앞세운 일·만군의 반격으로 적지 않은 타격 입고 후퇴
1933. 9	작전지휘 상의 이견과 사상의 차이, 군수물자 배분 등으로 불만을 품은 중국공산당의 암중공작으로 한국독립군의 무장이 해제되고 체포되었다가 오해가 풀리면서 석방
1933	윤봉길 의거로 중국국민당 장개석의 지원을 받게 된 임시정부 주석 김구, 낙양군관학교 내 한인특별반 설립을 추진하고 총책임자로 지청천을 초빙하기로 결정
1933. 10	중국 관내에서 무장력을 양성하여 만주로 보내 장기항전을 하기로 결의하고 노동자·상인 복장 등으로 변복하여 산해관 넘음
1934. 3	한국인 훈련생 90여 명으로 낙양군관학교 한인특별반 군사훈련 개시하자 총교도관으로 선임되어 낙양군관학교 교무위원 겸임
1934. 3	재만 한국독립당과 관내 한국혁명당 연합으로 조직된 신한독립당 군사위원장으로 선임
1935. 3	일제 압력으로 낙양군관학교 한인특별반 1기 졸업생을 내고 폐교. 낙양군관학교 졸업생을 중심으로 신한독립당 내에 특별훈련반 설치하여 총책임자가 됨
1935. 6. 28	민족혁명당 조직하여 중국 관내 독립운동 단체의 대동단결을 달성하고 군무부장에 선임. 군사인재의 양성, 군사부원의

	적지 파견, 적 후방에서 독립전쟁 개시라는 3단계 목표를 세우고 군사부원을 훈련시켜 만주·화북·상해 등지에 파견하여 적후공작 전개
1936. 말	서안으로 가서 장학량張學良을 만나 항일에 대한 의견을 교환하고 지원을 확보했으나 시안사변이 발생하여 실현되지 못함
1937. 1	의열단계의 전횡에 반대하여 민족혁명당을 탈당하고 민족주의자들과 함께 조선혁명당 조직
1937. 초	홍진·송병조와 합동하여 성명을 발표하고 조선혁명당·재건한국독립당·한국국민당의 협동과 임시정부 지지 선언
1937. 7. 16	중일전쟁 발발(7. 7)을 계기로 임시정부 군사위원회 위원으로 선임
1937. 8. 17	3당 6단체가 합동하여 한국광복운동단체연합회('광선')를 조직하는 등 민족주의 항일단체의 대동단결 이룸
1937. 10. 16	임시의정원 회의에 참석하여 군사활동 계획 발표
1937. 11. 17	남경을 출발하여 한구를 경유 장사에 도착하여 조선혁명당·한국독립당·한국국민당의 대동단결을 위해 노력
1938	3당 통합을 위한 회의 도중 저격을 받아 부상 입음(현익철 사망, 김구 중상)
1938. 7. 17	일본군의 폭격으로 장사를 출발하여 사천성 기강에 도착
1939. 10. 23	임시의정원 회의에서 임시정부 국무위원·군무부장으로 선출
1940. 5. 8	한국국민당·조선혁명당·한국독립당을 통합하여 새로이 한국독립당을 창당하고 중앙집행위원으로 선임
1940. 7	「광복군편련계획서光復軍編練計劃書」를 작성. 김구와 박찬익의 노력으로 중국국민당 정부의 양해 하에 창군작업 개시. 만주 독립군의 인맥을 근간으로 한국광복군 총사령부 편성

1940. 9. 17	중국 전시수도 중경에서 한국광복군 총사령부 성립 전례식을 거행하고 총사령관에 취임. 군사특파위원·총사령부 간부요원, 한국청년전지공작대 등을 통해 4개 지대를 편성
1940	한국광복군 총사령관 명의로「적 구내 거주하는 동지 동포들에게 고함」발표
1942. 1	한국광복군 총사령관 명의로「현단계 우리의 임무」라는 문건 발표
1942. 4	1지대(지대장 김원봉)·2지대(지대장 이범석)·3지대(지대장 김학규)의 한국광복군 부대 편성 완료. 조선의용대의 광복군 1지대 편입으로 중국 관내 무장단체의 대동단결 실현
1942. 10. 1	기자회견에서 한국광복군의 목표는 군사간부를 양성해 동북으로 진출. 동맹국과 연합하여 적을 붕괴시키는 것이라고 언명
1942. 10. 10	한·중문화협회 명예이사로 선임
1943. 7	한국광복군을 대표하여 김구·홍진·조소앙 등과 함께 장개석과 회담
1943. 11	임시의정원에 김원봉·이복원과 연명으로「군사정책에 관한 제안」제출. 중국 외에 미국·소련·영국 등과 연합해 민족해방전선을 확대 강화하는 전략 세움
1944. 6. 22	한·중 간 한국광복군 9개 준승의 철폐를 위한 정식 협상 개최
1944. 9. 8	중국 당국으로부터 9개 준승의 취소를 통보받음
1945. 3. 17	최용덕·이복원과 연명으로「군사정책 제안」을 수립하여 한국독립당 중앙집행위원회에 제출. 주력부대를 강화하여 동북(만주) 지역에서 전면전을 전개하고 일 부대를 미군과 합작

	하여 한국으로 상륙시키며, 동북으로부터 주력군이 진공하면서 미리 침투한 광복군이 호응해 일본군과 전면전을 전개한다는 전략 수립
1945. 4. 4	오랜 협상 끝에 한·중 간에 군사협정안 체결하여 임시정부의 군대로서 한국광복군의 독립성과 자주성 확보
1945. 4. 초	한국광복군 대표로 미군 OSS 사전트(Clyde B. Sargent)와 회담하고 광복군의 OSS훈련 결정
1945. 8. 7	OSS 훈련 점검차 김구 주석과 함께 서안행, 광복군의 국내 파견 결정, 8월 9일 성 주석 축소주祝紹周 자택에서 일본의 패망 소식을 들음
1945. 8. 10	김구·이범석과 협의하여 광복군의 국내 파견 결정
1945. 8	해방 이후 귀국을 미루고 건군의 기초를 확립하고자 광복군 확군을 추진, 10만 국군 창설을 주창. 중국 각지에 군사특파원을 파견하여 일본군 내 한적 사병과 교민을 접수하여 잠편暫編지대를 설치하도록 명령. 4개의 기존 지대 외에 7개 잠편지대를 설치하여 9만여 명의 광복군 수편작업 완료
1946. 1	장남 달수達洙가 김해 김씨 용자容子와 결혼
1946. 2	임시정부 군사외교단장으로 미군 당국, 중국 측과 광복군의 국군 자격 귀국을 교섭하였으나 미군정은 개인 자격 입국 강요
1946. 5. 16	개인 자격으로 귀국한 뒤 광복군의 정신으로 국가 건설에 이바지하라는 「광복군 복원선언」 발표
1946	미군정청 특사로 중국에 온 버나드의 합작 제의 거절
1946. 여름	장녀 선영 8년여의 병고 끝에 사망
1947. 4. 초	미국에서 귀국 도중 중국에 들른 이승만으로부터 귀국 요청

	받음
1947. 4. 22	만 28년간의 세월을 뒤로 하고 장개석이 제공한 비행기 편으로 이승만과 함께 귀국
1947. 5. 28	「전국 청년에게 고함」이란 성명서를 발표하여 청년운동의 통일화가 건국사업에 긴요함을 역설
1947. 7	전국 22개 청년단체 대표와 회견하여 청년운동의 통일 주창
1947. 8. 7	대동청년단주비회 결성하여 이승만·김구·김규식의 대동청년단 적극지지 성명
1947. 9	건군의 전략을 담은 「건군 계획서」를 작성하여 미군정에 제출
1947. 9. 21	약 3만 5천 명이 참석한 가운데 서울운농장에서 대동청년단 결성식 거행
1947. 12	대동청년단의 전국적 조직을 완료하고 2차 목표인 건국의 기초작업으로 서울·마산·광주·예천·진주·옹진 등지에서 군사훈련 시작
1948. 3. 3	총선거에 의한 중앙정부 수립, 38선 철폐, 중앙정부 수립 후 유엔 가입에 의한 자주독립 보장 등 '3대 조건' 성명
1948. 3. 5	민족대표단 상임위원으로 선출(단장 이승만, 부단장 오세창·이시영, 상임위원 김성수·신익희 등)
1948. 5. 10	5·10 제헌국회의원 선거에 출마하여 서울 성동구에서 전국 최다 득표로 당선
1948. 6	헌법 및 정부조직법 기초위원으로 선임
1948. 6	국회 본회의에서 국방력 강화를 위한 '최고국방회의' 설치안 제기
1948. 6. 18	국회 각 상임위원회를 통괄하는 초대 전원위원장으로 선임 (제 2~5회 외무국방위원장 겸임)

1948. 8. 12	정부 강화를 위해 제의된 무임소장관직을 군정 이양시까지 조건부로 수용(8. 15 대한민국 정부 수립)
1948. 9. 27	군정사무 이양에 따라 무임소장관직 사임
1948. 10	여순사건을 계기로 국회에 구성된 시국대책위원장으로 선임, 군대의 강화와 이를 위한 청년단체의 통일 등을 골자로 한 난국 수습책 제시
1948. 10. 23	차남 정계正桂가 국군 소위로 여순사건 와중에 전남 보성에서 전사
1948	3·1구락부 소속 의원과 한국민주당이 합당하여 민주국민당을 조직하고 대표최고위원으로 선임
1949. 7	국민개병제를 핵심으로 한 대한민국 병역법 제정 제안, 국회에서 통과
1950. 5. 30	제2대 국회의원 출마, 서울 성동구에서 당선, 제2대 국회 전원위원장으로 선임(제8, 9회 국회 외무국방위원장 겸임)
1951. 10	민주국민당 제2회 대의원대회에서 최고위원으로 선임, 제1회 중앙상임집행위원회에서 중앙최고위원회 의장으로 선임
1951. 12	민주국민당 대의원대회 의장으로 선임
1952	내각책임제 개헌안을 추진하자 이에 이승만 정부 강경대응
1952. 6. 28	6·25 기념식전에서 민주국민당 당원이 관계된 대통령 저격사건 발생, 초당파적 입장에서 포폄襃貶을 무릅쓰고 민주국민당 탈당 성명
1952. 9	대동청년당 출신과 한국독립당 출신 의원들의 요청을 받고 자유당에 입당
1952. 말	건강 악화에도 불구하고 국회 전원위원장 등으로 활동
1953. 1. 17	차녀 복영復榮은 전주 이씨 재석梓錫과 결혼

1957. 1. 15	서거
1957. 1. 21	장례위원장 함태영을 위시하여 사회장으로 결정하여 서울 수유리 선열 묘역에 안장
1962	정부에서 건국훈장 추서
1988	천안 독립기념관에 어록비 제막
1989	수유리 묘역에 기적비紀蹟碑 건립
1994. 4. 14	국립 서울현충원 임시정부 요인 묘역에 천장遷葬

참고문헌

자료

- 『조선일보』, 『동아일보』, 『시대일보』, 『독립신문(상해판)』, 『한성일보』, 『자유신문』, 『서울신문』, 『경향신문』.
- 경상북도경찰부 편(류시중·박병원·김희곤 역주), 『국역 고등경찰요사』-안동독립운동기념관 자료총서 3, 선인, 2010.
- 국사편찬위원회, 『대한민국임시정부자료집』 10~15, 2006.
- 국사편찬위원회, 『한국독립운동사』(자료 21 : 임정편 IV)·(자료 22 : 임정편 VII)·(자료 26 : 임정편 XI)·(자료 27 : 임정편 XII), 1992~1994.
- 국회도서관, 『한국민족운동사료: 중국편』, 1976.
- 김정주 편, 『조선통치사료』 2·7·8, 한국사료연구소, 1970.
- 대한민국국회, 『제헌국회속기록』 1~10, 선인문화사(영인), 1999.
- 『미군정정보보고서(G-2)』 5·13·14·15, 일월서각, 1986.
- 사회문제조사연구소 편, 『사상정세시찰보고집』 2·3, 동양문화사, 1976.
- 안동독립운동기념관 편, 『국역 석주유고』 상·하, 경인문화사, 2008.
- 유영익·송병기·이명래·오영섭 편, 『이승만 동문 서한집』 상·중, 연세대학교 출판부, 2009.
- 추헌수 편, 『자료 한국독립운동』 2·3, 연세대학교 출판부, 1975.

전기·회고록

- 김구 지음(도진순 주해), 『백범일지』, 돌베개, 1997.
- 김두찬, 「논픽션 오광선장군」, 『신동아』 2월호, 1971.
- 김준엽, 『장정』, 나남, 1987.

- 김학규, 「백파 자서전」, 『한국독립운동사연구』 2, 독립기념관 한국독립운동사연구소, 1988.
- 노경채, 「일본 육사출신의 광복군 총사령 지청천」, 『내일을 여는 역사』 창간호, 2000.
- 박영석, 「백산 이청천 장군」, 『재만한인독립운동사연구』, 일조각, 1987.
- 선우기성, 『한국청년운동사』, 금문사, 1973.
- 신숙, 『나의 일생』, 일신사, 1963.
- 신창현, 『해공 신익희』, 해공신익희선생기념사업회, 1992.
- 유진오, 『헌법기초회고록』, 일조각, 1980.
- 윤성열, 「남기고 싶은 이야기들 ; 배재학당(1~67회)」, 『중앙일보』 1977년 2월 3일자~4월 23일자.
- 이기동, 「이응준, 국군 창설의 산파」, 『한국사 시민강좌』 43, 일조각, 2008.
- 이기동, 「이청천-일본육사 출신의 항일무장투쟁 지도자」, 『한국사 시민강좌』 47, 일조각, 2010.
- 이기동, 『비극의 군인들-일본육사 출신의 역사』, 일조각, 1982.
- 이범석, 「광복군」, 『신동아』 4월호, 1969.
- 이정식 면담·김학준 편집해설, 『혁명가들의 항일회상』, 민음사, 1988.
- 이지택, 「고려혁명군」, 『월간중앙』 1월호, 1973.
- 이현희 대담, 『한국독립운동 증언자료집』, 한국정신문화연구원, 1986.
- 이형석, 「지청천」, 『한국근대인물백인선』, 동아일보사, 1979.
- 인촌기념사업회, 『인촌 김성수전』, 동아일보사, 1976.
- 임병직, 『근대 한국외교의 이면사』, 1964.
- 조경한, 「대전자 대첩」, 『군사』 1, 국방부 전사편찬위원회, 1980.
- 조경한, 「지청천장군과 광복군」, 『세대』 11월호, 1970.
- 조경한, 『백강회고록』, 한국종교협의회, 1979.
- 지복영, 『역사의 수레를 끌고 밀며-항일 무장독립운동과 백산 지청천 장군』, 문학과 지성사, 1995.

- 지청천, 「광복군과 나의 투쟁」, 『희망』 2월호, 1953.
- 지헌모, 『청천장군의 혁명투쟁사』, 삼성출판사, 1949.

저서

- 강만길, 『조선민족혁명당과 통일전선』, 화평사, 1991.
- 구대열, 『한국 국제관계사연구』 1·2, 역사비평사, 1995.
- 김광재, 『한국광복군의 활동 연구-미 전략첩보국(OSS)과의 합작훈련을 중심으로』, 동국대박사학위논문, 1999.
- 김득중, 『'빨갱이'의 탄생-여순사건과 반공국가의 형성』, 선인, 2009.
- 김영범, 『한국 근대민족운동과 의열단』, 창작과 비평사, 1997.
- 김준엽·김창순, 『한국공산주의운동사』 1~5, 청계연구소, 1986.
- 김희곤, 『중국관내 한국독립운동단체 연구』, 지식산업사, 1995.
- 박환, 『만주 한인민족운동사 연구』, 일조각, 1991.
- 반병률, 『성재 이동휘 일대기』, 범우사, 1998.
- 서중석, 『신흥무관학교와 망명자들』, 역사비평사, 2001.
- 서희경, 『대한민국 건국기의 정부형태와 정부운영에 관한 논쟁 연구』, 서울대박사학위논문, 2001.
- 손염홍, 『북경지역 한인사회(1910~1948) 연구』, 국민대박사학위논문, 2007.
- 신주백, 『만주지역 한인의 민족운동사』, 아세아문화사, 1999.
- 염인호, 『김원봉 연구-의열단, 민족혁명당 40년사』, 창작과비평사, 1992.
- 염인호, 『또 하나의 한국전쟁-만주 조선인의 '조국'과 전쟁』, 역사비평사, 2010.
- 윤병석, 『독립군사-봉오동 청산리의 독립전쟁』, 지식산업사, 1990.
- 윤상원, 『러시아지역 한인의 항일무장투쟁 연구(1918~1922)』, 고려대박사학위논문, 2009.
- 이경남, 『분단시대의 청년운동』 하, 삼성개발문화사, 1989.

- 이현주, 『1920년대 재중항일세력의 통일운동-한국독립운동의 역사 47』, 한국독립운동사편찬위원회·독립기념관 한국독립운동사연구소, 2009.
- 이현주, 『한국사회주의세력의 형성 : 1919~1923』, 일조각, 2003.
- 임경석, 『한국 사회주의의 기원』, 역사비평사, 2003.
- 장세윤, 『재만 조선혁명당의 민족해방운동 연구』, 성균관대박사학위논문, 1997.
- 조철행, 『국민대표회 전후 민족운동 최고기관 조직론 연구』, 고려대박사학위논문, 2010.
- 채영국, 『한민족의 만주독립운동과 정의부』, 국학자료원, 2000.
- 한국독립유공자협회 엮음, 『중국동북지역 한국독립운동사』, 집문당, 1997.
- 한상도, 『한국독립운동과 국제환경』, 한울, 2000.
- 한상도, 『한국독립운동과 중국군관학교』, 문학과 지성사, 1994.
- 한시준, 『한국광복군 연구』, 일조각, 1993.
- 한용원, 『창군』, 박영사, 1984.
- 호춘혜 지음(신승하 옮김), 『중국 안의 한국독립운동』, 단국대학교 출판부, 1978.
- 황민호, 『재만한인사회와 민족운동』, 국학자료원, 1998.

논문

- 김광재, 「이청천의 관내지역 독립운동」, 『이청천과 한국독립운동(백산 이청천 장군 서거 50주기 추모학술회의 발표요지)』, 2006.
- 김수자, 「해방 이후 이청천의 정치활동」, 『이청천과 한국독립운동(백산 이청천 장군 서거 50주기 추모학술회의 발표요지)』, 2006.
- 박환, 「재만 한국독립당에 대한 일고찰」, 『한국사연구』 59, 한국사연구회, 1987.
- 배경식, 「중경시기 '반한독당세력'의 임시정부 개조운동」, 『대한민국임시정부수립 80주년기념논문집』 하, 국가보훈처, 1999.

- 임경석, 「코민테른 고려총국의 기능 정지에 관한 연구」, 『대동문화연구』 71, 성균관대학교 대동문화연구원, 2010.
- 장석흥, 「해방직후 상해지역의 한인사회와 귀환」, 『한국근현대사연구』 28, 한국근현대사학회, 2004.
- 장세윤, 「백산 이청천의 만주지역 독립운동」, 『이청천과 한국독립운동(백산 이청천 장군 서거 50주기 추모학술회의 발표요지)』, 2006.
- 장세윤, 「한국독립군의 항일무장투쟁 연구」, 『한국독립운동사연구』 3, 한국독립운동사연구소, 1989.
- 조규태, 「1920년대 중반 재북경 창조파의 민족유일당 운동」, 『한국민족운동사연구』 37, 한국민족운동사학회, 2003.
- 조규태, 「북경 군사통일회의의 조직과 활동」, 『한국독립운동사연구』 23, 한국독립운동사연구소, 2000.
- 차문섭, 「구한말 육군무관학교 연구」, 『아세아연구』 50, 고려대학교 아세아문제연구소, 1973.
- 한시준, 「이청천과 한국광복군」, 『이청천과 한국독립운동(백산 이청천 장군 서거 50주기 추모학술회의 발표요지)』, 2006.

찾아보기

ㄱ

가릉빈관嘉陵賓館　169
간도출병　42
강근호　61
강석인　91
강수남　41
강제하　91
강진해　130, 142
강창제　155, 162
건군계획서　196
고려혁명군 특립연대　64
고려혁명군高麗革命軍　57
고려혁명군정의회　57
고본계　87
고봉림　115, 124, 126, 128
고북풍　117
고용무　105
고운기(공진원)　130, 150, 162, 167, 170
고일명　167
고활신　93, 99
공상희孔祥熙　172
공창준　124
공헌영　117, 119, 120
과우탕過牛湯　62
곽상훈　210

관전동로한교민단　83
광복단　56
광복청년회　189, 192, 196
광한단　83
국민부　102, 112, 114
국방경비대　199
군사통일주비회　67
군사통일촉진회　67
군사통일회의　67, 68
군사특파단　164
군사특파단원　179
군인구락부　73
군인구락부 선포문　82
군인동지회　73
군정서　56
궁장해　117, 118
권수정　118
권영한　22
권오진　121, 123
권원하　41
극동공화국　54~57, 59, 64
극동민족대회　62
길록산　80
길림구국군　117
길림자위군　117
길림주민회　87

길흥 119
김경천(김광서, 김세혁) 10, 21, 28, 32, 34~36, 38, 39, 73~74, 76, 82
김광진 90
김구 144, 146~148, 150, 151, 154, 155, 162, 170, 173, 183, 184, 187, 193, 195, 196, 200, 204, 205
김규면 53
김규식 77~80, 112, 154~156, 179, 195, 196
김기선 90
김기해 90
김동삼 43, 46, 68, 69, 71, 75, 85, 90, 99, 100~102, 220
김동원 206
김두봉 154, 155
김두칠 41
김만겸 80
김명무 61
김백 105
김병조 69
김복권 61
김봉학 47
김산 141
김상덕 131, 152, 155
김석섭 90
김성수 209
김소창 111
김소하 88
김승빈 46, 56, 61, 65, 85
김승학 102
김신 90
김신복 61
김알렉산드라 39

김영철 40, 41
김오석 220
김용대 88
김원봉 148, 150, 151, 154, 155, 159, 177, 178
김원식 101
김원식 147, 151, 152
김의준 61
김의한 167
김이대 88, 90, 93, 99, 112
김종엽 41
김좌진 35, 49, 51, 52, 55, 80, 88, 96, 102, 104, 168, 220
김준 47
김준연 210
김준원 22
김중훈 73, 74
김창용 90
김창헌 90
김창호 90
김창환(김추당) 34, 36, 46, 56, 73, 74, 85, 105, 123, 124, 147, 155, 156, 220
김철 69
김청농 110, 115
김학규 154, 155, 161, 162, 167, 191, 192
김혁 55, 88, 93
김형식 75, 88
김홍서 69

ㄴ

나중소 55

나카무라中村　27
나태섭　162, 167
남대관　109, 110, 113, 118
남만통일회　83
남만한족통일회의　83
남목청楠木廳사건　161
남북협상　205
노동친목회　87
노백린盧伯麟　18
농무계　46
뉴욕 대한인교민단　155
니항군대　56

ㄷ

다반 군대　54
당취오　115, 117
대도회　118
대동청년단　199, 203, 204, 215
대련회담　59
대범회　116
대부隊附 교육　21
대한광복군영　83
대한광복군총영　83
대한광정단　87
대한국민의회　66, 67
대한국민회군　49
대한독립군단　54
대한독립단　46, 83, 87
대한독립촉성전국청년총연맹　196
대한부인애국단　160
대한신민단　49
대한의군부　49, 84, 86

대한의용군　54, 56
대한인국민회　160
대한인단합회　160
대한인동지회　160
대한인애국단　160
대한정의군영　83
대한청년단연합회　46
대한총군부　53
대한통군부大韓統軍府　83
대한통의부　84, 85, 89
데미도프　59
도노반　184
도독부　53, 56
독립단 군대　54
독수리작전　183
동학농민전쟁　12
등철해　117

ㅁ

마덕창　93
마도재　133
마점산　115, 117
맹부덕　49
모스크바 3상회의　191
목영상　105
문일민　159, 162
문창범　53, 73, 80, 220
문학빈　90
미쓰야 미야마쓰　97
미주 국민회　155
민덕호　22
민무　109~111

민병길　154
민석린　191
민영구　167
민족유일당재만책진회　102
민족혁명　159
민족혁명당론　68

ㅂ

박건웅　154
박관해　109, 111
박광세　101
박두희　37
박명진　111
박밀양　62
박세황　109
박승만　59
박승훈　22
박신애　160
박용만　67
박응백　88
박일리야　56
박일만　104, 105
박진동　105
박찬익　146, 147, 162, 191, 192
박창길　159
박창세　162
방순희　162
배달기술청년연구회　170
배승환　41
배재학당　15, 16
배천택　69, 73, 74, 75
배활산　101

백광운　88
백남준　93
백순　193
백운봉　111, 112
백종렬　39
버나드　191
병역법　211
보이틴스키　73
부민단扶民團　46
부의溥儀　113
북로군정서　49, 51
북로군정서北路軍政署　35

ㅅ

사복성　121, 122
사전트　183
사충항　141~143
사할린 부대　54, 56, 58
사할린특립의용군　56
삼본주의三本主義　109
삼시협약　97
삼일당　96
3·1구락부　216
상해파　57, 63, 68
생육사　103, 108
서로군정부　46
서북청년단　202
서북청년회　196
서상일　210
서상천　196
서일　220
서재필　15

선봉　80
선우기성　196
선우정　61
성윤誠允　117
성인호　93
성주식　151, 155, 156
성준용　36, 46, 51
소병문　117
손무영　46, 57, 110
손병희　30
손회당　220
송병조　154, 160
스탈린　177
승진　93
시사연구회　99
시세영　120, 130~132, 140~143
신광재　47
신규식　193
신민단　52
신민부新民府　88
신민회　46
신성모　214
신숙　67, 75, 77, 80, 87, 109~112, 115, 118, 124, 129, 131, 152, 153
신악　155
신익희　154~156, 200, 206
신일헌　69, 73, 74
신채호　67
신태영　22
신팔균　35, 36, 39, 85
신환　162
심리조사표　60
심만호　109, 115, 125, 130

ㅇ

안공근　161
안무　49, 55, 73, 74
안일　104
안종명　124
안종인　22
안창호　68, 69
안홍　90
액목현 회의　67, 68
얄타회담　186
양규열　46
양기탁　83, 85, 87, 155, 220
양문휘　115
양세봉　90
엄익근　167
여순사건　209
여준　34, 46
연병호　154
염창섭　22
오광선　36, 46, 47, 57, 109, 110, 115, 147, 148, 150, 195, 196
오동진　88, 98
오상세　36, 39
오세창　200
오영선　91, 92, 96
오의성　117, 119, 120, 130, 140~142, 144
오제동　91
오창환　75, 76
오하묵　64
왕덕림　115, 117~120, 130, 131, 139, 141
왕송백　142

왕윤성　142
왕중량　167
요진산　130
우진　97
우침징　125
우학충　153
우환장　124
워싱턴회의　62
원세개　24
원세훈　77, 80
웨드마이어　184
웜스　191
유동열　113, 159, 161, 162
유만　119
유만괴　117
유승열　22
유억겸　200
유진동　167
유진산　196
유진오　207
유해준　167
6월지변六月之變　12
육해군출신동지회　200, 215
윤기섭　39, 67, 151, 154~156
윤덕보　88
윤봉길　146
윤세주　154, 155
윤용자　17, 129
윤좌형　105
윤해　69, 75, 77, 80, 87
의군부　56
의민단　52
의성단　87

이광제　154
이규동　101
이규보　123, 124
이규성　90
이규채　147, 152, 153, 158
이근기　90
이금남　105
이당치국以黨治國　111
이대영　22
이동녕　34, 162, 220
이동휘　53, 63, 64, 68, 79, 80
이두　115, 117, 122~125
이르쿠츠파　58
이만 군대　54, 56
이방마　109
이백룡　105
이범석　35, 36, 39, 147, 148, 150, 167, 168, 183, 184, 191, 196, 209
이범윤　80
이복원　155, 161, 167, 196
이봉기　61
이붕해　110~112
이상룡　34, 43, 46, 50, 52, 96
이상만　167
이석영　34
이선근　196, 203
이성근　90
이세영(이천민)　36, 39
이승만　15, 67, 160, 193, 195, 196, 204, 206~208, 214, 216
이시영　34, 162, 220
이용　53
이우정　105, 220

이운환　162
이원방(이춘정)　109, 220
이원식　90
이유필　91, 92, 96, 154
이윤영　209
이응준　22, 28
이자영　117
이장녕　36, 39, 87, 104, 105, 109~111
이재근　90
이종건　101
이종혁　10
이준식　162, 167
이지택　61, 62
이진산　75, 88
이춘기　104
이춘암　153
이춘윤　117
이탁　88
이해청　119
이환　104
이회영　34
이훈구　210
임규춘　91
임병극　73, 74
임복순　104
임위당　105
임의탁　167

ㅈ

자강호　193
자유대대　54
잠편지대暫編支隊　188
잡륜자치회　87
장개석　146, 166, 168, 169, 174, 178, 179, 193
장광복　139
장기초　88
장두관　63
장작림　42, 107
장작상　118
장전구　117
장철호　90
장학량張學良　107, 118, 158
재만한교총연합회　114
전경무　160
전덕원　83, 84
전민족유일당조직촉성회　99
전민족유일당촉성회　100
전민족유일당협의회　100
전신　117
전의회全誼會　28
정남전　124
정신　69, 93, 109, 111
정이형　90
정일무　55
정초　115, 117, 122, 123, 125
조강제　40, 41
조경한(안훈)　109, 110, 121, 123, 124, 129, 151, 154, 155, 162, 167
조린　124, 128
조병옥　200
조봉암　207
조선공산당 만주총국　99
조선민족전선연맹　160
조선민족청년단　202

조선의용대　173
조선인민군　214
조선청년총동맹　196
조선혁명당　114
조성환　80, 88, 96, 164, 200
조소앙　155, 156, 159, 162, 170, 179
조송림　90
조시원　162, 167
조완구　170
조철호　22
주가화　165
주보중　142, 144
주시경　15
주하범　90
주화대표단　191, 192
중동철도호로군中東鐵道護路軍　115, 117
지달수　180
지복영　180
지석규池錫奎　33
지용기　12
지재선　10
지정계　210
진과부　146
진의로　155, 156
진한장　142

ㅊ

차리석　69, 162
차천리　47
차철　124
참의부參議府　89

채군선　73, 74
채영　61, 64, 73, 74, 82, 85
채영호　91
채원개　167
청룡 군대　56
최고국방회의　208
최관용　90, 115, 220
최관용　93
최기현　69
최동오　154, 155, 159, 162, 200
최만취　110, 124
최명록　80
최명수　101
최문호　91
최석순　155
최송길　111
최악　109, 112, 115, 124
최재형　39
최재화　40, 41
최종원　115
최준형　73, 74, 82
최중산　220
최진동　53, 56
최필립　62
최호　88, 109, 110, 112
최호림　61
축소주　148

ㅋ

칼란다라쉬빌리　58, 59
코민테른 고려국　76
코민테른 동양비서부　58, 59

247

코민테른 집행위원회　63

ㅌ

탕옥린　117
통의부　87

ㅍ

파인버그　77, 79
평안북도독판부　83
포수단　46
풍점해　115, 117, 118

ㅎ

하동농장　112
하와이 국민회　155
하와이 혁명동지회　155
하응흠何應欽　174
하지　195
학우회學友會　28, 87
한국광복군 복원선언　190
한국광복군 선언문　168
한국광복군 행동 9개 준승　174
한국광복군편련계획대강　166
한국광복운동단체연합회　160
한국광복진선청년공작대　161
한국독립당 조직안　81, 87
한국문제결정서(11월 결정서)　63
한국청년전지공작대　180
한국혁명각단체대표대회　154

한명세　79
한무빈　115
한민회　52
한성정부漢城政府　66, 67
한시대　160
한인사회당　53, 63, 66
한일래　154
한적포로처리판법　190
한족농무연합회　111, 114
한족자치연합회　111, 114
한족총연합회　108, 111
한족회　46
한지성　182
한진교　69
한해강　124
향약계　46
허재욱　53
혁신의회　102
현순　160
현용환　90
현익철　93, 99, 100, 161, 162
현정경　88, 99
현천묵　51, 80, 96
혈성대　56
호택민　142
흘레브 빵　62
홍기주　90
홍기진　91
홍도　63
홍범도　35, 49, 52, 53, 55, 56, 220
홍사익　22, 28
홍진　104, 105, 109~111, 151, 152, 154, 160, 162, 170

홍진우　73, 74
홍창대　126
홍창회　116, 118
화흥학교　99
황선규　61
황성기독교청년회　15
황종훈　91
황학수　102, 104, 105, 109, 111, 167, 172
흑창대　126
희흡　115, 119

한국광복군 총사령 지청천

1판 1쇄 발행 2010년 12월 25일
1판 2쇄 발행 2019년 5월 27일

글쓴이   이현주
기 획   독립기념관 한국독립운동사연구소
펴낸곳   역사공간
         주소: 03996 서울특별시 마포구 월드컵로 100 한산빌딩 4층
         전화: 02-725-8806
         팩스: 02-725-8801
         E-mail: jhs8807@hanmail.net
         등록: 2003년 7월 22일 제6-510호

ISBN 979-11-5707-195-1 03900

- 잘못된 책은 바꿔 드립니다.
- 이 도서의 국립중앙도서관 출판예정도서목록(CIP)은 서지정보유통지원시스템 홈페이지 (http://seoji.nl.go.kr)와 국가자료공동목록시스템(http://www.nl.go.kr/kolisnet)에서 이용하실 수 있습니다.(CIP제어번호: CIP2019019451)